é é épée

 è è flèche

 e e E renard

 l l L le lit

 f f F une fée

 n n N les narines

 v v V un vélo

 j j J le jus

 d d D le dos

 b b B le bébé

 g g G une gare

 ou ou un loup

 oin oin un point

 eu eu le feu

 gn gn la montagne

 ill ill une fille

Dessins des gestes des sons conçus par Madame Borel-Maisonny, d'après les photographies © Clotilde Silvestre de Sacy, *Bien lire et aimer lire*, ESF éditeur.

Pilotis ancre la lecture dans la vie.

pilotis
méthode de lecture syllabique
MANUEL D'APPRENTISSAGE DU CODE

CP

Delphine GRASSET
Professeur des écoles

Tous mes remerciements à Thierry et à Titouan et Fanette,
mes enfants, pour leurs encouragements.

Édition : Marika DA COSTA
Création de la maquette intérieure : Florence LE MAUX
Mise en pages : TYPO-VIRGULE
Illustrations intérieures : Thierry CHRISTMANN ; Lionel DARIAN (pages 42, 43, 64, 128)
Illustration de couverture : Thierry CHRISTMANN
Création de la couverture : Florence LE MAUX
Exécution de la couverture : TYPO-VIRGULE
Fabrication : Marc CHALMIN

hachette s'engage pour l'environnement en réduisant l'empreinte carbone de ses livres. Celle de cet exemplaire est de : **0,643 kg éq. CO$_2$**
Rendez-vous sur www.hachette-durable.fr

PAPIER À BASE DE FIBRES CERTIFIÉES

www.hachette-education.com

ISBN : 978-2-01-627178-0

© Hachette Livre 2019, 58 rue Jean Bleuzen CS70007, 92178 Vanves Cedex.

Tous droits de traduction, de reproduction et d'adaptation réservés pour tous pays.

Le Code de la propriété intellectuelle n'autorisant, aux termes des articles L. 122-4 et L. 122-5, d'une part, que les « copies ou reproductions strictement réservées à l'usage privé du copiste et non destinées à une utilisation collective », et, d'autre part, que « les analyses et les courtes citations » dans un but d'exemple ou d'illustration, « toute représentation ou reproduction intégrale ou partielle, faite sans le consentement de l'auteur ou de ses ayants droit ou ayants cause, est illicite ».
Cette représentation ou reproduction, par quelque procédé que ce soit, sans autorisation de l'éditeur ou du Centre français de l'exploitation du droit de copie (20, rue des Grands-Augustins – 75006 Paris), constituerait donc une contrefaçon sanctionnée par les articles 425 et suivants du Code pénal.

Avant-propos

Réussir à apprendre à dire, lire et écrire est accessible à chaque élève. Cette conviction constitue le fondement de notre démarche et lui donne tout son sens. Pilotis a pour vocation d'impliquer chaque élève avec intérêt, plaisir et facilité.

Pour mener à bien ce projet, la méthode est constituée de deux grandes parties qui se complètent : l'apprentissage du code (avec le manuel, le cahier d'exercices, le coffret des mots et les photofiches) et la lecture-compréhension (avec 4 nouveaux albums de jeunesse authentiques et 1 nouveau documentaire, accompagnés d'un fichier de compréhension).

Ainsi, **un équilibre entre les composantes essentielles de l'apprentissage de la lecture** se fait : des efforts concentrés dans une première partie de l'année sur l'acquisition des correspondances graphèmes/phonèmes à l'écriture ainsi que sur l'étude de la langue, la lecture et sa compréhension autonome.

Cette nouvelle édition respecte les recommandations des **programmes 2018**.

L'apprentissage du code repose sur une **progression singulière et novatrice**. L'étude des correspondances graphèmes/phonèmes (CGP) **se fait progressivement par le graphème** : les voyelles, puis les consonnes isolées, et plus tard les graphies de plusieurs lettres en respectant leur fréquence dans la langue française.

Le rythme est accéléré : 20 CGP sont étudiées en période 1. L'élève acquiert ainsi rapidement et efficacement le principe alphabétique et automatise le déchiffrage.

Le manuel est construit en 5 périodes qui correspondent au rythme de l'année scolaire et **à différents paliers d'autonomie de lecture**. Cette structure permet une personnalisation du parcours de lecture de l'élève. En début d'année scolaire, un(e) élève peut connaître un grand nombre de graphies simples. Grâce aux évaluations diagnostiques, il/elle peut bénéficier **d'un parcours individualisé** lui permettant de renforcer ses compétences tout en apprenant les CGP manquantes. Pilotis laisse toute latitude à l'enseignant(e) pour adapter son enseignement à la réalité de la classe.

Chaque leçon propose une étude claire et rigoureuse des CGP avec :
– **l'étude d'un graphème** et du **phonème** associé ; un **support gestuel** (un personnage codant le phonème) permet une appropriation kinesthésique ;
– **l'étude progressive de la combinatoire** : consonne et voyelle, puis progressivement voyelle et consonne, consonne/voyelle/consonne, etc. ;
– **l'étude de manipulations syllabiques et phonémiques** ;
– **la lecture de mots, de phrases et de textes entièrement déchiffrables** et dépourvus d'illustrations afin de ne pas distraire le lecteur ;
– **l'étude d'un lexique enrichi et structuré** correspondant au graphème étudié (maison de mots illustrés).

Un rebrassage de ces apprentissages se fait également à travers une nouvelle étude des graphèmes complexes et des graphèmes proches, en périodes 4 et 5.

Des leçons spécifiques de lexique thématique et de grammaire complètent le manuel, ainsi que des **pages de révisions** par palier d'acquisition.

Le cahier d'exercices est le **complément** du manuel d'apprentissage du code. Il permet de réinvestir en autonomie les apprentissages de chaque leçon. Sa structure est parfaitement identique à celle du manuel, afin de proposer des **activités d'entraînement et de consolidation** variées et systématiques. L'élève lit, manipule des syllabes et des phonèmes ; il/elle écrit des syllabes, des mots et des phrases. Il/elle mémorise également les mots-outils les plus fréquents.

Les photofiches sont un support d'entraînement et de consolidation complémentaire pour chaque leçon. Certaines renforcent la flexibilité, la fluence (phrases et textes) et donc l'automatisation du déchiffrage. D'autres proposent des activités de lecture et d'écriture : identification de mots, écriture de mots (dictées muettes, mots fléchés), mémorisation des mots-outils mais aussi des activités liées au lexique et à l'étude de la langue. Des photofiches d'évaluation pour chaque palier d'apprentissage sont proposées, ainsi qu'une grille individuelle des compétences travaillées.

Le **guide pédagogique** présente la mise en œuvre de la méthode de manière simple, concrète, pratique et synthétique. Il préconise, pour compléter la démarche, l'utilisation quotidienne d'un cahier du jour. Il permet une quantité d'écrit importante et adaptée à la réalité de la classe. Il sera le support d'écriture des graphèmes étudiés, des activités de copie et de dictées (orthographe lexicale, grammaticale, mots outils).

Sommaire

Palier 1

Graphèmes	Phonèmes	Mots-outils	Mots-repères	Pages
a – i, y	a i		avion – île	8-9
o	o o ouvert		orange – ogre	10-11
u – é	u é		usine – épée	12-13
è, ê – e	è e		flèche – renard	14-15
Je révise				16-17
l	l	Il y a – dans – le/la/l'	le lit	18-19
r	r	un – une	un rat	20-21
m	m	elle	une mamie	22-23
s	s	sur – il est	salut	24-25
ch	ch	avec – des – les	un chat	26-27
f	f	c'est	une fée	28-29
n	n	et – se	les narines	30-31
v	v	à – il va	un vélo	32-33
j	j	de – pour	le jus	34-35
z	z	du – il fait	zorro	36-37
Étude de la langue : La famille du nom : Les déterminants – Les noms				38-39
Lexique : L'alphabet – L'ordre alphabétique				40-41
Lexique thématique : À l'école – Des jeux				42-43
Je révise				44-45

Palier 2

Graphèmes	Phonèmes	Mots-outils	Mots-repères	Pages
p	p	ils – qui – par	un papa	46-47
t	t	que – mais – ne...pas	un tapis	48-49
c	c	je vais – chez	un café	50-51

Graphèmes	Phonèmes	Mots-outils	Mots-repères	Pages
d	(d)	je fais – au – il dit	le dos	52-53
b	(b)	comme	le bébé	54-55
g	(g)	elle – peut – avoir	une gare	56-57
br, cr, dr, gr, fr, vr, pr, tr	(br)(cr)(dr)(fr)(vr)(pr)(tr)	j'ai – voir – mon		58-59
bl, cl, gl, fl, pl	(bl)(cl)(gl)(fl)(pl)	en		60-61
Étude de la langue : La phrase – Les différents types de phrase				62-63
Lexique thématique : Le corps – Les dents				64-65
Je révise				66-67

Palier 3

Graphèmes	Phonèmes	Mots-outils	Mots-repères	Pages
ou	(ou)	tout – nous	un loup	68-69
en, an	(an)	son – plus	une dent	70-71
on, om	(on)	ton – on – il a	un pont	72-73
in, im	(in)	ce	un lapin	74-75
oi	(oi)	pouvoir – il voit – faire	une oie	76-77
oin	(oin)	lui – être	un point	78-79
ui	(ui)	aller – où	la nuit	80-81
eu, œu	(eu)	je dis – je suis – y	le feu	82-83
gn	(gn)	je vois – me	la montagne	84-85
i, y	(ill)	je peux – dire – vous	un lion	86-87
x	(ks)(s)(z)(gz)	elles	un taxi	88-89
Étude de la langue : Les pronoms – Le verbe				90-91
Lexique thématique : Dans la rue et sur la route – Les émotions				92-93
Je révise				94-95

Palier 4

Graphèmes	Phonèmes	Mots-outils	Mots-repères	Pages
au, eau	(o)	Révision de tous les mots-outils appris depuis le début de l'année.	jaune	96-97
ai, ei, et	(è)		du lait	98-99
ec, er, el, es	(è)		le bec	100-101
ell, ett, err, ess, enn	(è)		une échelle	102-103
qu, k, ch	(c)		un masque	104-105
er, ez	(é)		un rocher	106-107
ain, ein	(in)		le pain	108-109
ph	(f)		un éléphant	110-111
em, am	(an)		une tempête	112-113
c, ç, ti	(s)		un citron	114-115
g, ge	(j)		une girafe	116-117
s	(z)		une maison	118-119
gu	(g)		une guitare	120-121
ill	(ill)		une fille	122-123
ail, eil, ouil, euil, aill, eill, ouill, euill	(ill)		le réveil	124-125
Étude de la langue : Le pluriel des noms – Le pluriel des verbes				126-127
Lexique thématique : Dans le jardin – Des animaux amis du jardinier				128-129
Je révise				130-131

Palier 5

Graphèmes	Phonèmes		Mots-outils	Pages
b/p, b/d	(b/p)	(b/d)	Révision de tous les mots-outils appris depuis le début de l'année.	132-133
m/n, f/v	(m/n)	(f/v)		134-135
t/d, c/g	(t/d)	(c/g)		136-137
s/c/z, g/ge/j/ch	(s/z)	(j/ch)		138-139
Étude de la langue : Les adjectifs – Lexique : Les contraires				140-141
Je révise				142-143

 Je vois, je dis

 âne	 abeilles	 abricot	 allumettes
 panda	 chocolat	 béluga	 chat
 koala	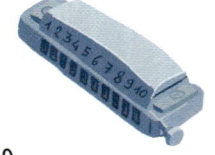 harmonica	 château	 radeau
 caniche	 lavabo	 tapis	 sapin
 canard	 canapé	 chapeau	 chameau

 Je vois, je dis

igloo	hibou	hippopotame	immeuble

fourmi	radis	souris	scie

niche	citron	livre	girafe

aspirateur	ciseaux	biberon	domino

caniche	stylo	cygne	pyramide

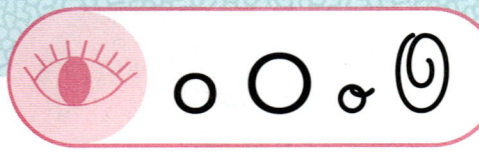  

 Je vois, je dis

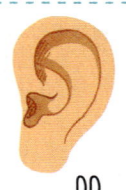 oreille	 oreiller	 otarie	 olive
 zéro	 haricots	 stylo	 lasso
 lavabo	 moto	 robot	 piano
 chocolat	 toboggan	 rose	 fantôme
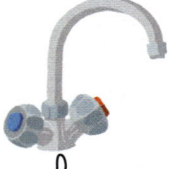 robinet	hippopotame	 cochon	 arrosoir

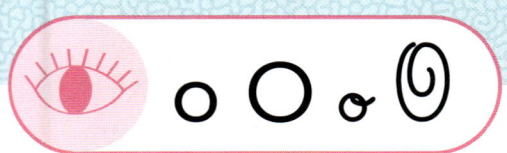  

 Je vois, je dis

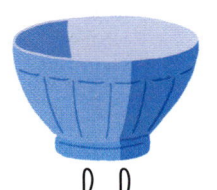 bol	 culotte	 sorcière	 coq
 bottes	 corde	 poche	 torchons
 pomme	 cornes	 tortue	 commode
 castor	 hélicoptère	 tournesol	 pioche
 carotte	 menottes	 enveloppe	 accordéon

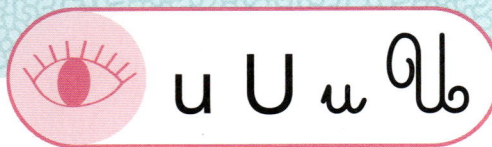  

 Je vois, je dis

hutte	hublot	lune	fusée

rue	grue	tortue	statue

cube	pendule	jupe	voiture

écureuil	ambulance	jumelles	tuba

allumettes	ruche	luge	flûte

 Je vois, je dis

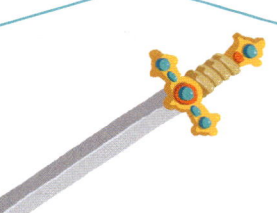

 étoile	 éponge	 église	 échelle
 bouée	 poupée	 dé	 canapé
 éléphant	 épouvantail	 bébé	 fée
 téléphone	 pélican	 vélo	 accordéon
 képi	 pédale	 caméra	 béquille

 è è ê ê ë ë  è

 Je vois, je dis

 zèbre	 chèvre	 tête	 règle
 rivière	 sirène	 manège	 trèfle
 élèves	 pêche	 hélicoptère	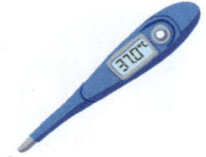 thermomètre
 cuillère	 infirmière	 sorcière	 guêpe
 crêpes	 lèvres	 Père Noël	 chêne

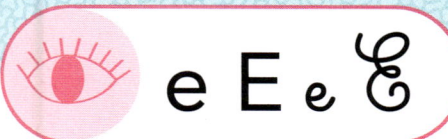 

 Je vois, je dis

 chemise	 cerise	 petit	 cheval
 menottes	 marguerite	 chenille	 peluche
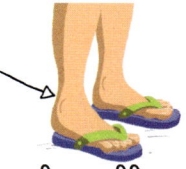 cheville	 cheminée	 seringue	 chemin
 grenouille	 fenêtre	 genou	 melon
 requin	 chevreau	 cheveux	 jeton

Je révise

 Je lis des sons

a i y o u é e è ê a
a é y o e è u i ê

 Je manipule des voyelles

– Dire chaque mot, en accentuant et en prolongeant la 1ʳᵉ voyelle.
– Demander de trouver quelle est cette voyelle.

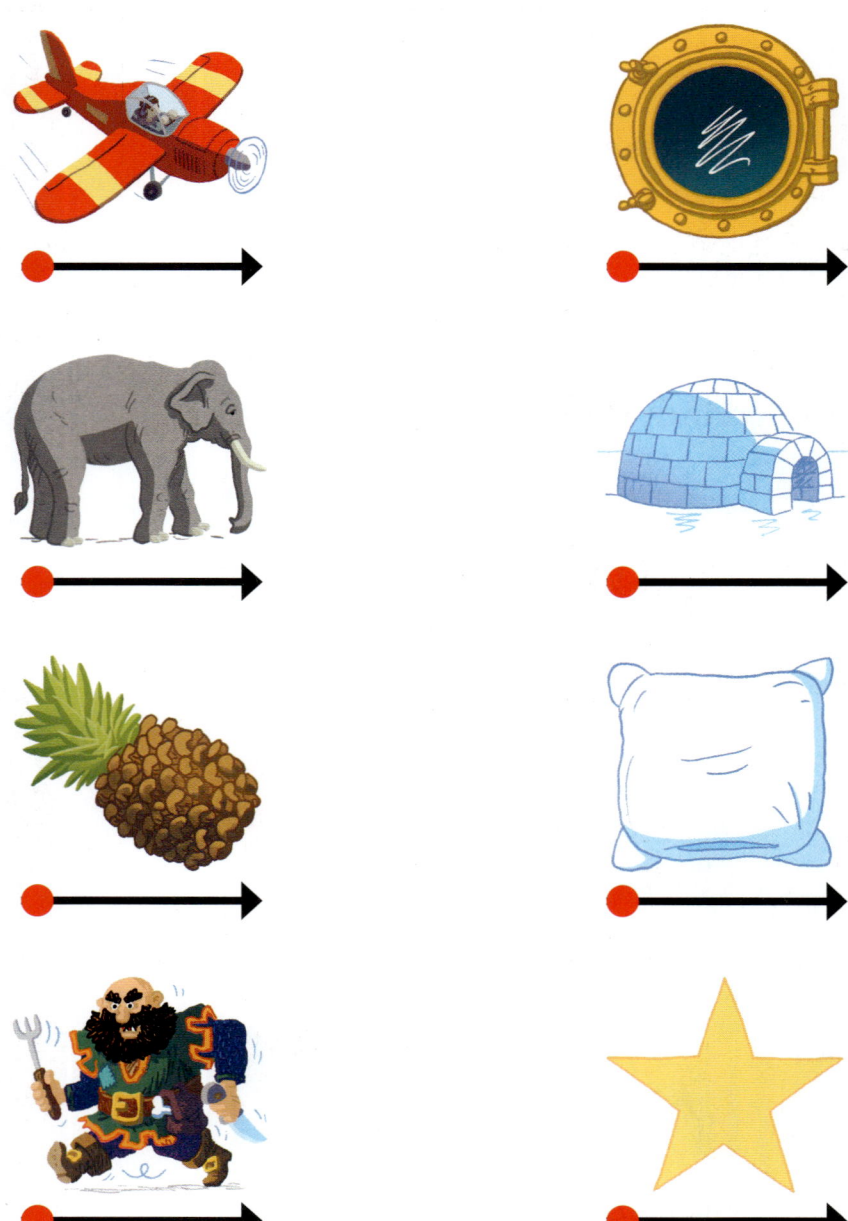

Je manipule des voyelles

– Dire chaque mot, en accentuant et en prolongeant la dernière voyelle.
– Demander de trouver quelle est cette voyelle.

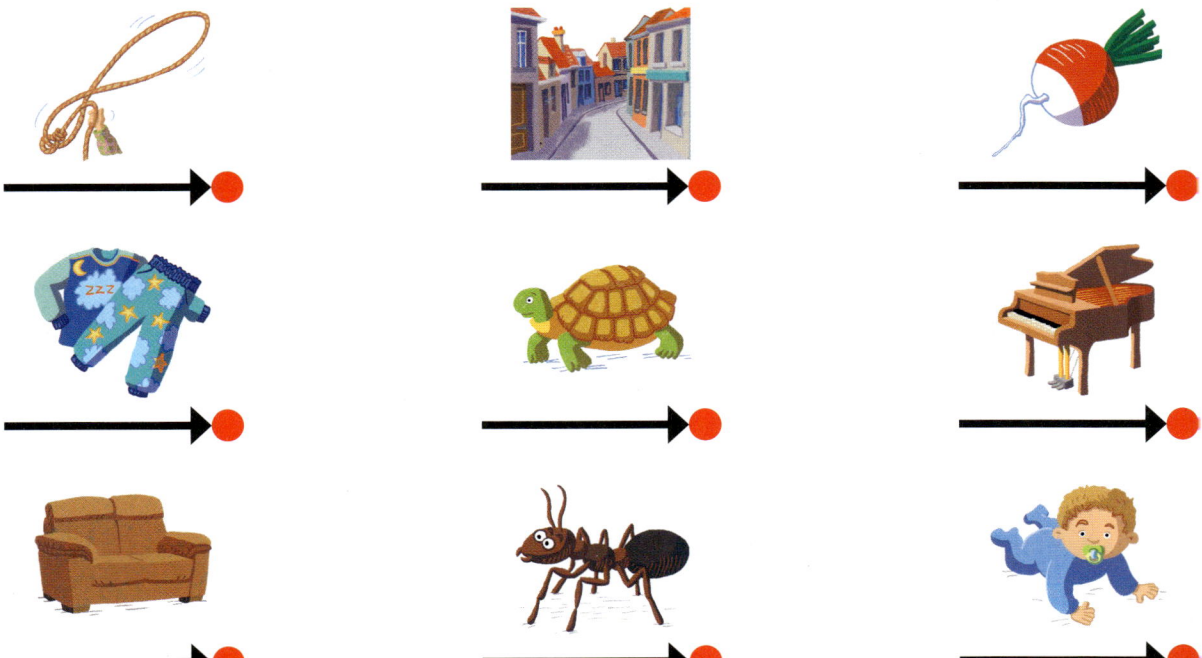

– Identifier le son illustré par son geste.
– Dire chaque mot.
– Chercher dans le mot illustré si le son se trouve en début ou en fin de mot.

Je manipule des voyelles

 Je vois, je dis

le lit   le lit

le lavabo	la luge	la lune	la limace
			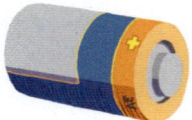
la pendule	la poule	la pédale	la pile

le lilas	l'allée	le voleur	la poubelle

le roller	le lama	la plume	le balai

la baleine	le stylo	le vélo	le lys

Je lis des syllabes

- le   la   li   lé   ly   lo   lu   lè
- la   al   lo   ol   lu   ul   li   il

 Je manipule des sons

– Nommer les images.
– Dire quels mots se terminent par le même son d'une ligne à l'autre.

 **Je lis des mots**

li   la   lé   lu

le lit   la   l'allée   il a lu
il lit   le lilas   Léo   Lulu
Lili   Léa

 **Je lis une phrase**

Il y a Lulu dans l'allée.

il y a
dans
le la l'

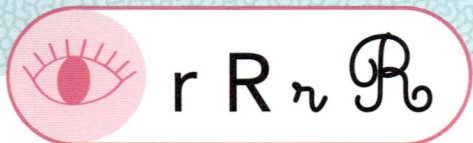  

 Je vois, je dis

un rat   un rat

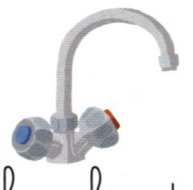			
le robinet	une raquette	le raisin	un roseau

le beurre	une fleur	une mare	une chèvre

une hirondelle	le taureau	un poireau	la branche

un arrosoir	la forêt	un hérisson	un haricot

une guitare	un marteau	le râteau	un harmonica

 **Je lis des syllabes**

- re ra ri ru ry ro ré rè
- ir ar or rar rir lar lur lir

 Je manipule des sons

– Nommer les images.
– Trouver des mots qui se terminent par le même son.

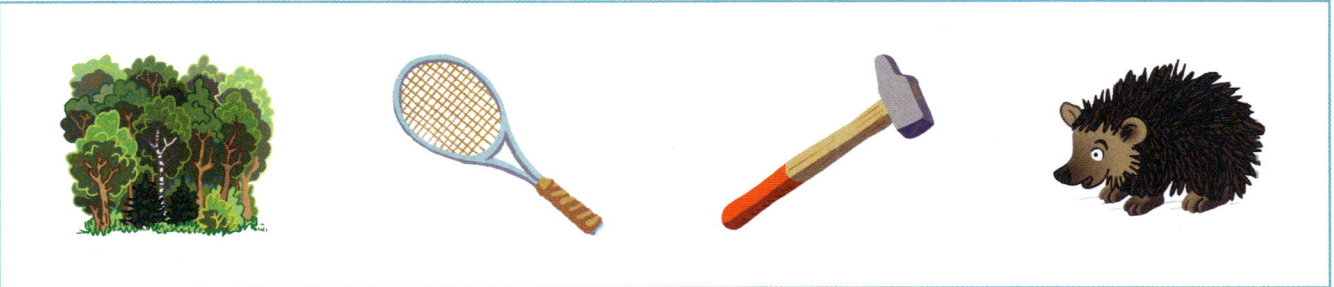

 **Je lis des mots**

ra	ri	re	ru
un rat	le riz	lire	une rue
il râle	il rit	relire	
il ira	il a ri	rire	

 **Je lis un texte**

Dans **une** rue, il y a **un** rat.

Il rit !

un
une

 m M m M  m

👁 Je vois, 😮 je dis

une **m**a**m**ie   une **m**a**m**ie

une manche	un magicien	une montagne	un manteau

une plume	un fantôme	une gomme	un hippopotame

un marteau	le manège	une marguerite	un moulin
		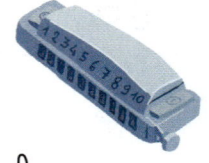	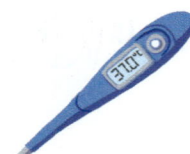
la fourmi	une tomate	l'harmonica	un thermomètre

un dromadaire	un chameau	un immeuble	un camion

Je lis des syllabes

- me   ma   mi   mu   my   mo   mé   mè
- mal   mil   mul   mar   mir   mur   myr   mué

 Je manipule des sons

– Nommer les images.
– Trouver l'intrus parmi les rimes.

 **Je lis des mots**

ma	mo	mu	mi
une mamie	un mot	ému	un ami
une mare	une momie	une mule	une amie
un lama	une morue	un mulot	une momie

 **Je lis un texte**

Dans la 🔺, une momie a remué.
pyramide

Elle râle !

elle

 Je vois, je dis

salu**t** **s**alut

un seau	une souris	un singe	une sonnette

un ours	un cactus	un lys	un iris
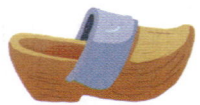			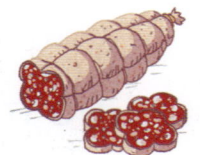
un sabot	un sifflet	un sanglier	le saucisson

un poussin	un aspirateur	un ourson	un poisson

un oursin	un escalier	un hérisson	un parasol

 **Je lis des syllabes**

- se sé sa sè si su so sy
- as is os us ys sal sar sur

 Je manipule des sons

– Nommer les images.
– Trouver le mot qui ne se termine pas par le même son que les autres.

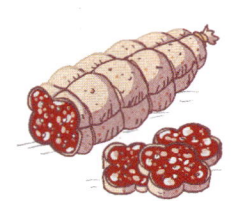   

 **Je lis des mots**

sa	si	so	su
Salut !	assis	un lasso	le surimi
salé	rassis	assommé	rassuré
il salit	le sirop		

 **Je lis un texte**

Salim **est** assis **sur** un mur.

Il salue sa mamie.

Sa mamie ramasse un lys.

sur
il est

 Je vois, je dis

un **ch**at   un **ch**at

un chiffon	un champignon	des chaussures	un chameau
		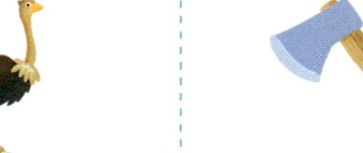	
une niche	une autruche	une hache	une mouche

une chèvre	une chemise	un chapeau	un chemin

des châtaignes	un château	une chenille	un chou

un artichaut	un parachute	des échasses	un bouchon

 **Je lis des syllabes**

- cha   cho   che   chu   ché   chi   chy   chè
- uch   ach   och   ich   char   chas   chal   arch

 Je manipule des sons

– Trouver les mots qui commencent par un son donné ch, m, i, s.

 **Je lis des mots**

cha	che	ché
la chasse	une ruche	il a séché
des échasses	riche	il a mâché
un chat	elle marche	elle a arraché

 **Je lis un texte**

Sacha est un chat.

Il marche **avec des** échasses.

Il chasse **les** rats, il chasse **des** mulots avec un lasso !

avec des les

 Je vois, je dis

une fée   une fée

une framboise	un furet	une fusée	une flûte

neuf	un chef	un canif	un bœuf

le facteur	un fantôme	une fraise	un foulard

la forêt	le fromage	un café	une infirmière

une moufle	une pantoufle	la confiture	un trèfle

 **Je lis des syllabes**

- fa　fo　fe　fu　fé　fi　fè　fê
- af　if　of　uf　fil　fal　fur　fach

 Je manipule des sons

– Trouver des mots qui commencent par le son illustré.

 **Je lis des mots**

fo	**fa**	**fu**	**fi**
un fossé	il est fâché	la fumée	une fiche
la folie	un sofa	le raffût	une affiche
il est affolé	il est affamé		il a filé

 **Je lis des phrases**

C'est la folie !

Un lama farfelu a filé.

Une fée est affolée. Elle fuit.

Un ami filme.

c'est

Je vois, je dis

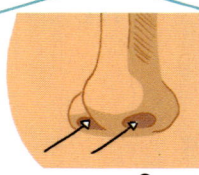

les narines   les narines

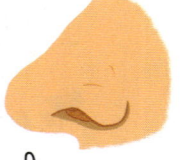			
le nez	un nénuphar	une noix	un navire

la banane	une usine	une chaîne	la sirène

un nid	une niche	des nuages	des nombres

un canapé	un cadenas	un tournesol	un bonnet

le genou	un manège	un caniche	un piano

 **Je lis des syllabes**

- na   no   ne   nu   né   ni   nè   ny
- nar   nal   nas   nif   nil   nis   nus   nos

 Je manipule des sons

– Nommer les images.
– Trouver le mot qui ne commence pas par le même son que les autres.

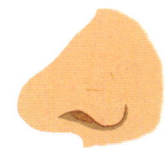    

 **Je lis des mots**

ni	né	na	nor
une niche	une année	un ananas	énorme
un animal	une cheminée	les narines	le nord
il a fini	il est né	la finale	

 **Je lis un texte**

Nino est affalé dans sa niche.

L'animal mâche un os **et se** lèche

les narines.

 Je vois, je dis

un vélo   un vélo

un violon	un veau	un voleur	la ville

une locomotive	des olives	un rêve	une fève

une voiture	un volcan	un village	une veste
		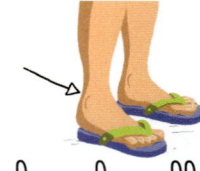	
un épouvantail	une chèvre	la cheville	des couverts

un cerf-volant	une enveloppe	le lavabo	une caravane

Je lis des syllabes

- va vo ve vu vé vi vè vê
- val vif vil var vir liv lav vis

 Je manipule des sons

– Nommer les images.
– Trouver le mot qui ne commence pas par le même son que les autres.

 **Je lis des mots**

va	vi	ve	vé
une vache	la vie	une fève	un vélo
la savane	un navire	des olives	c'est lavé
il avale	la ville	la salive	

 **Je lis un texte**

Le cheval est à vélo.

Il **va à** la ville.

Dans une avenue, il a vu une amie : la vache.

Il est ravi !

à
il va

Je vois, je dis

le j**us**   le jus

 le judo	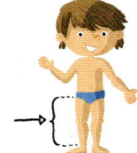 les jambes	 une jupe	 des jumelles
 une jument	 un jambon	 le jardin	 un jardinier
 des jouets	 un journal	 des jeux	 un javelot
 le déjeuner	 des jumeaux	 un jongleur	 des jonquilles
 des bijoux	un pyjama	 le petit déjeuner	 un donjon

 **Je lis des syllabes**

- ja   ju   je   jé   ji   jo   jè
- jar jas jul jus jor jal jine

 Je manipule des sons

– Trouver des mots qui se terminent par un son donné (j), (v), (m), (o).

 **Je lis des mots**

ju	ja	jé	jo
le jus	un pyjama	Jérémy	joli
Jules	un javelot		
je jure	une jarre		

 **Je lis un texte**

Jérémy a volé le javelot **de** Jules **pour** la finale. Jules est fâché !

de
pour

35

 Je vois, je dis

Zorro   Zorro

 un zoo	 un zèbre	 zéro	 il zappe
 treize	 douze	 onze	 le gaz
 il zigzague	 un zébu	 des zigzags	 quinze
 seize	 quatorze	 un lézard	 des azalées
 le gazon	 une gazelle	 un magazine	 un trapéziste

Je lis des syllabes

- za   zi   zo   zè   zu   zé   ze
- az   oz   iz   uz   zar   zur   zir

 Je manipule des sons

– Trouver des mots qui commencent par un son illustré.

 **Je lis des mots**

zé	zo	zi	za
zéro	le zoo	la zizanie	des azalées
Zélie	Zoé		
	Zorro		

 **Je lis un texte**

Zorro sème la zizanie !

Avec une armée de lézards, **il fait**

du raffut dans les azalées de Zélie.

du
il fait

La famille du nom : les déterminants

 Je lis des mots

Des déterminants

le 	la	l' 	les
un	une		des

 Je manipule des mots

Choisir pour chaque mot illustré le déterminant qui convient.

un – une	un – une	le – la	le – la – l'

le – la – l'	le – la	le – les	une – des

Les noms

 Je lis

Un nom est un mot qui désigne un animal, une personne ou une chose.

Des noms

chat	fée	tapis

 Je manipule des mots

Nommer les noms d'animaux, puis les noms de personnes et enfin les noms de choses.

une table	un sapin	une sorcière	un clown

un canard	un éléphant	une casquette	un écureuil

un garçon	une carotte	une reine	un requin

# L'alphabet

 **Je lis les lettres**

a	b	c	d	e	f	g
h	i	j	k	l	m	
n	o	p	q	r	s	t
u	v	w	x	y	z	

 Je manipule l'alphabet

Répondre oralement aux questions.

- Quelle est la première lettre de l'alphabet ? la dernière ?
- Combien y a-t-il de lettres ?
- Quelles sont les voyelles ?
- Quelles sont les consonnes ?

 Je manipule des lettres

Retrouver chaque lettre dans l'alphabet du dessus.

E	N	R	F	A	K	Z
H	U	G	L	P	B	
Q	Y	T	M	X	W	D
O	S	C	J	I	V	

L'ordre alphabétique

 Je vois, je dis

avion 	banane 	carotte 	domino 	école 	fille 
gâteau 	hibou 	igloo 	journal 		koala 
lune 	maman 	nuages 	orange 		papa 
quilles 	renard 	soleil 	tomate 		usine 
vélo 	wagon 	xylophone 	yo-yo 		zèbre 

 Je manipule des mots

– Énoncer les séries de mots.
– Trouver le mot qui vient en premier dans l'ordre alphabétique.

bonbon    panier    ananas

zéro    flûte    kangourou

Je dis

À l'école

– Décrire l'image.
– Retrouver dans l'image les objets possibles pour réaliser les actions illustrées.

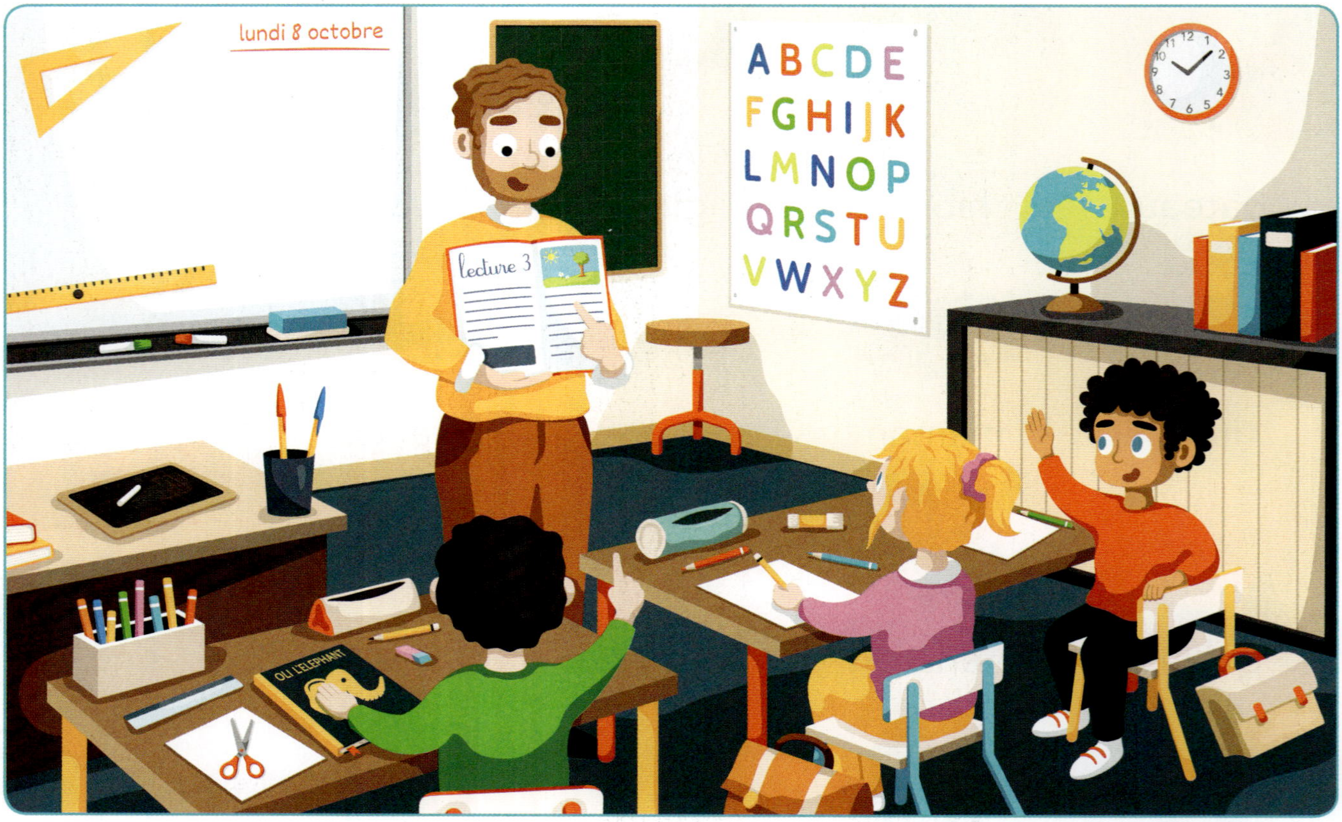

 Je dis

Des jeux

- Décrire l'image.
- Faire des phrases avec les mots suivants.

| amusant | construire | ranger | perdre |
| ennuyeux | lancer | gagner | distribuer |

Je révise

 Je lis des sons

- ch z l m f n r s j v
- l r m s ch f n v j z
- e i u a è y é ê o a
- é y o u i ê e è a

– Lire les mots.
– Dire un mot, l'enfant le retrouve.
– Montrer un mot, l'enfant le lit et propose une phrase avec ce mot.

 **Je lis des mots outils**

le	la	un	une	les	des
il y a	il est	c'est	l'	il fait	il va
avec	elle	de	du	dans	et
à	pour	sur	se		

 Je sais lire l'alphabet

a b c d e f g h i j k l m n o p q r s t u v w x y z

 Je manipule les déterminants et les noms

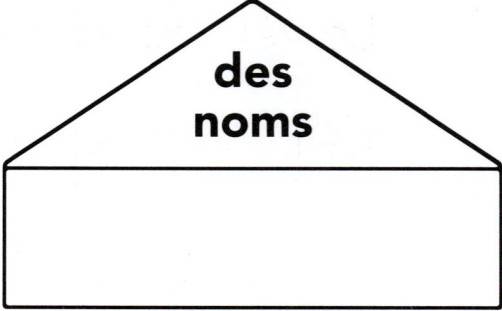

ami – fée – un – lama – ville – vélo – le – des – l' – une

Je sais lire des mots simples

– Nommer les images.
– Lire les mots et montrer l'illustration correspondante.

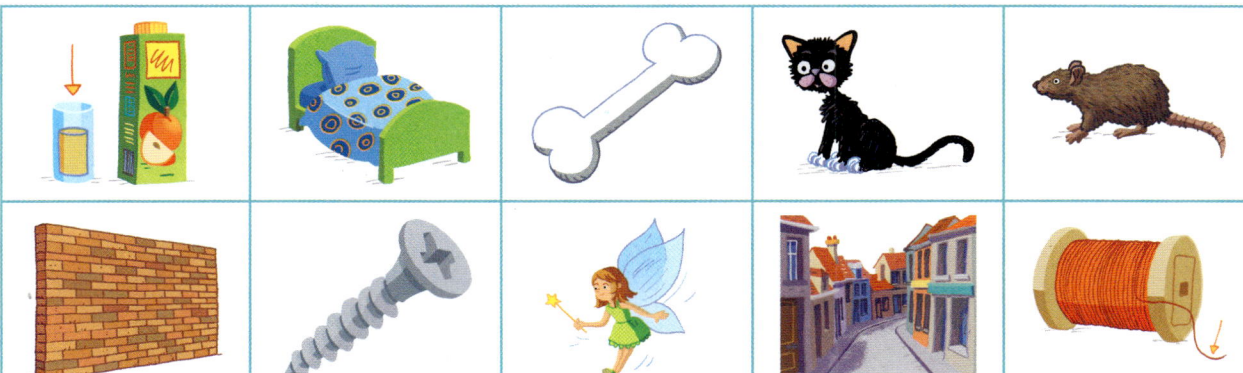

| vis | jus | chat | mur | fil |
| fée | os | rat | lit | rue |

 **Je sais lire des phrases**

– Décrire les images.
– Lire les phrases et montrer l'illustration correspondante.

- C'est une ville.
- Il y a une vache et un âne.
- Le vélo est dans le fossé.
- Le lama avale du riz !

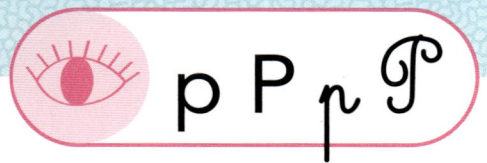  

 Je vois, **je dis**

un **p**apa   un *p*a*p*a

 un pantalon	 une poire	 un pigeon	 du pain
 des tulipes	 une jupe	 des crêpes	 une enveloppe
 un papillon	 du poison	 un panier	 un pélican
 un lapin	 un képi	 un hippocampe	 une toupie
 un drapeau	un sapin	 un tapis	 une éponge

Je lis des syllabes

- pa   pi   po   pè   pu   pé   pe   pè
- ap   ip   up   pul   pil   pal   pur   pas

Je manipule des sons

Trouver le mot qui ne se termine pas par le même son que les autres.

Je lis des mots

pè	po	pi	pa
un père	poli	papi	elle passe
il repère	pollué	des piles	papa
	une pomme	une épine	le repas

ils   qui   par

Je lis un texte

Papa part à la pêche avec Papi.

Ils passent par la forêt et arrivent à la  .
rivière

C'est Papi qui amène le repas.

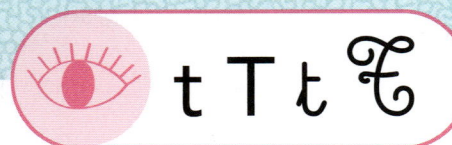  

Je vois, je dis

un tapis   un tapis

 un téléphone	 un timbre	 une table	 un tapir
 une cravate	 elle chante	 il écoute	 une sonnette
 une tortue	 un cartable	 un marteau	 un râteau
 un épouvantail	 un artichaut	 une bouteille	 une étoile
 une autruche	 quatre	 une pantoufle	un aspirateur

 **Je lis des syllabes**

- ta   ti   to   tè   tu   té   te   tê
- at   it   ut   tar   tiv   tal   tir   tur

 Je manipule des sons

Trouver le mot qui ne se termine pas par le même son que les autres.

 **Je lis des mots**

té	to	ti	ta
la météo	la moto	petit	un tapis
l'été	il est tôt	petite	une tache
il a chuté		la matinée	une tasse

 **Je lis un texte**

Tia la petite tortue fait de la moto sur un tapis. Elle file vite, si vite **que** la moto patine. **Mais** le tapis atténue sa chute ! Tia tapote sa tête : elle **n'**a **pas** mal.

que
mais
ne pas

 Je vois, je dis

un café   un café

un cube	une casserole	la confiture	une cloche

un sac	un hamac	un arc	le bec

un carré	des couverts	une cabane	un clou

une coccinelle	un cactus	une caravane	une cage

un rectangle	un biscuit	un abricot	un sécateur

Je lis des syllabes

- ca   co   cu   cui   ac   ic   uc   mac
- cap   cac   car   cal   col   cao   lac   sac

 Je manipule des sons

– Prononcer les sons en images.
– Assembler les sons et chercher le mot correspondant.

 **Je lis des mots**

cu	co	ca	
il recule	il copie	une capuche	un canapé
je m'occupe	une copine	du cacao	une caméra
	à côté	un canari	il est caché
	l'école	un caniche	un café

 **Je lis un texte**

Je vais chez ma copine Caroline.
Elle a un petit caniche et un canari.
Le canari est sur le dos du caniche.
Caroline les filme avec sa caméra.
Ils se cachent à côté du canapé.

je vais chez

 Je vois, je dis

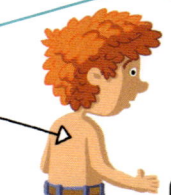

le **d**o**s**   le **d**o**s**

une dent	des danseurs	un domino	une douche

une commode	la salade	une cascade	des amandes

des sandales	un radeau	un radis	un crocodile

un landau	la radio	une hirondelle	des rideaux

un radiateur	un cadenas	un accordéon	un panda

 **Je lis des syllabes**

- da   do   du   di   de   dé   dè   dy
- dal   dio   dil   dia   vid   dur   nad   dis

 Je manipule des sons

– Prononcer les sons en images.
– Assembler les sons et chercher le mot correspondant.

 **Je lis des mots**

da	do	dé	di
la date	le dos	un dé	elle dit
une dame	doré	il démarre	des radis
les pédales	un domino		des sardines

 **Je lis un texte**

Paco **dit** à une dame **au** marché :

« **Je fais** un solide repas pour midi :

des sardines, une salade de riz

avec des radis, du salami

et de la limonade. »

je fais
au
il dit

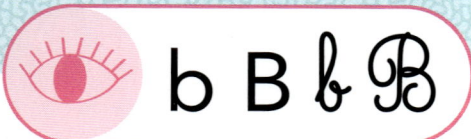  

 Je vois, je dis

le **b**é**b**é   le **b**é**b**é

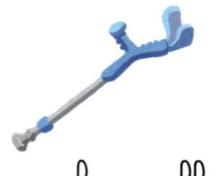			
une béquille	un boa	une balle	une baleine
		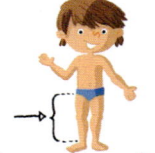	
une robe	un globe	les jambes	un crabe

un biberon	une balançoire	un berceau	la barbe

un robot	un cartable	un escabeau	des sabots

un hibou	un tuba	une ambulance	un toboggan

 **Je lis des syllabes**

- ba bo bu bi bê be bé bè
- ob ab bil bol bul bus bich bar

 Je manipule des sons

– Prononcer les sons en images.
– Assembler les sons et chercher le mot.

 **Je lis des mots**

ba	bo	bu	bi
une banane	un robot	des bulles	bizarre
il bave	le lavabo	un bus	il habite
elle barre	des bottes		une biche

 **Je lis un texte**

Le boa avale une banane au-dessus de la cabane.

Comme c'est ridicule !

La biche lisse sa barbiche sur la péniche.

Comme c'est bizarre !

comme

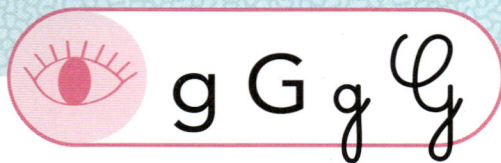 

 Je vois, je dis

une **g**are une **g**are

du gaz	un gâteau	un garçon	la gomme

gai	un globe	une grue	une grenouille

un escargot	un aigle	un wagon	une agrafeuse

le toboggan	un dragon	un triangle	un fagot

une mygale	un kangourou	il regarde	un tigre

 ### Je lis des syllabes

- ga go gu gal gus gob
- gur gul gaz gar gaf bog

 ### Je manipule des sons

– Prononcer les sons en images.
– Assembler les sons et chercher le mot.

 ### Je lis des mots

ga	go	gu	gar
une gare	il gobe	la figure	il garde
une mygale	un cargo	une virgule	elle regarde
il se régale	il est rigolo	des légumes	

 ### Je lis un texte

La mygale vit dans le sol.

Elle possède 8 pattes. Elle est carnivore.

Elle se régale de petites bêtes.

Elle gobe des lézards et chasse des mulots.

La mygale mue. **Elle peut avoir** 100 petits.

br br cr cr dr dr fr fr gr gr vr vr pr pr tr tr

 Je vois, je dis

br br	une brosse	des branches	une brebis
cr cr	un écran	elle écrit	du sucre
dr dr	un cadre	un drap	un dromadaire
fr fr	une framboise	des frites	du fromage
gr gr	une grimace	grand	un tigre
vr vr	il ouvre	un lièvre	des lèvres
pr pr	une prune	une prison	une princesse
tr tr	3 trois	un tracteur	un trésor

 **Je lis des syllabes**

- vre   bra   crè   fru   dro   dré   trè
- tri   pri   gro   gri   tré   bru   fro

 Je manipule des sons

– Nommer le premier son.
– Ajouter le mot illustré et trouver un nouveau mot.

 **Je lis des mots**

tr	gr	dr	pr
il trébuche	une grenadine	drôle	propre
triste	un ogre	un drap	c'est promis
il trotte	des griffes	un cadre	préféré

 **Je lis un texte**

J'ai cru voir un ogre avec de grosses griffes.

J'ai cru voir des crabes sur la cravate

d'un crocodile.

Oh ! J'ai mon livre sur la tête !

J'ai rêvé !

bl bl cl cl fl fl gl gl pl pl

 Je vois, je dis

bl bl	 un tableau	 un blouson	 la bibliothèque	 le blé
cl cl	 un clown	 la bicyclette	 la classe	 une cloche
fl fl	 des fleurs	 un trèfle	 il siffle	 des flocons
gl gl	 un sanglier	 un globe	 une glace	 une église
pl pl	 la pluie	 elle applaudit	 une plante	 un plateau

 **Je lis des syllabes**

- ble   blé   clé   clo   cla   cli   plu   pla
- gli   glo   gle   fla   fle   flo   flu   flè

 Je manipule des sons

– Nommer le mot illustré.
– Enlever le son (l) et trouver un nouveau mot.

 **Je lis des mots**

bl	cl	gl	fl
le sable	une cloche	il glisse	il siffle
formidable	la classe	une glissade	une flûte
un cartable	il réclame	un globe	un trèfle
		une règle	une flèche

 **Je lis un texte**

La cloche sonne. Clovis va **en** classe.
Au programme, il y a du calcul
et l'étude du globe.
Formidable ! Clovis adore
l'étude des planètes.

La phrase

 **Je lis**

– Lire les phrases. Compter le nombre de mots.
– Faire repérer majuscule et point.

Une phrase commence par une majuscule et se termine par un point.

Chez mamie, il y a un chat sur le sofa.

C'est Filo !

Une phrase peut être sur 2 lignes.

Il peut y avoir une majuscule au milieu de la phrase.

 Je manipule des mots

Faire une phrase avec les différents éléments proposés.

| La fée | a filé | chez une amie. |

| est | dans la rue. | Marie |

Les différents types de phrases

 **Je lis**

– Lire le texte.
– Compter les points à la fin des phrases.
– Dire le nombre de phrases du texte.
– Repérer la phrase interrogative et la phrase exclamative.

Sati, le petit pirate, rame vite et fort dans le canot.

Que fait-il ?

Il part pour l'île Molène. Sur la carte, il y a vu de jolis rubis !

 Je manipule des mots

Lire et désigner les phrases interrogatives (questions), les phrases exclamatives et les autres phrases.

Le petit pirate est ravi !

Sur l'île Molène, il y a des rubis.

Dans le canot, Sati rit.

Qu'a fait Sati sur l'île Molène ?

 Je raconte

– Faire une phrase à l'oral pour chaque dessin.
– Répéter les phrases en utilisant : d'abord, puis, à la fin.

Je dis

Le corps

– Décrire l'image en nommant le nom de chaque partie du corps.
– Poursuivre les débuts de phrase entendus en utilisant des parties du corps.

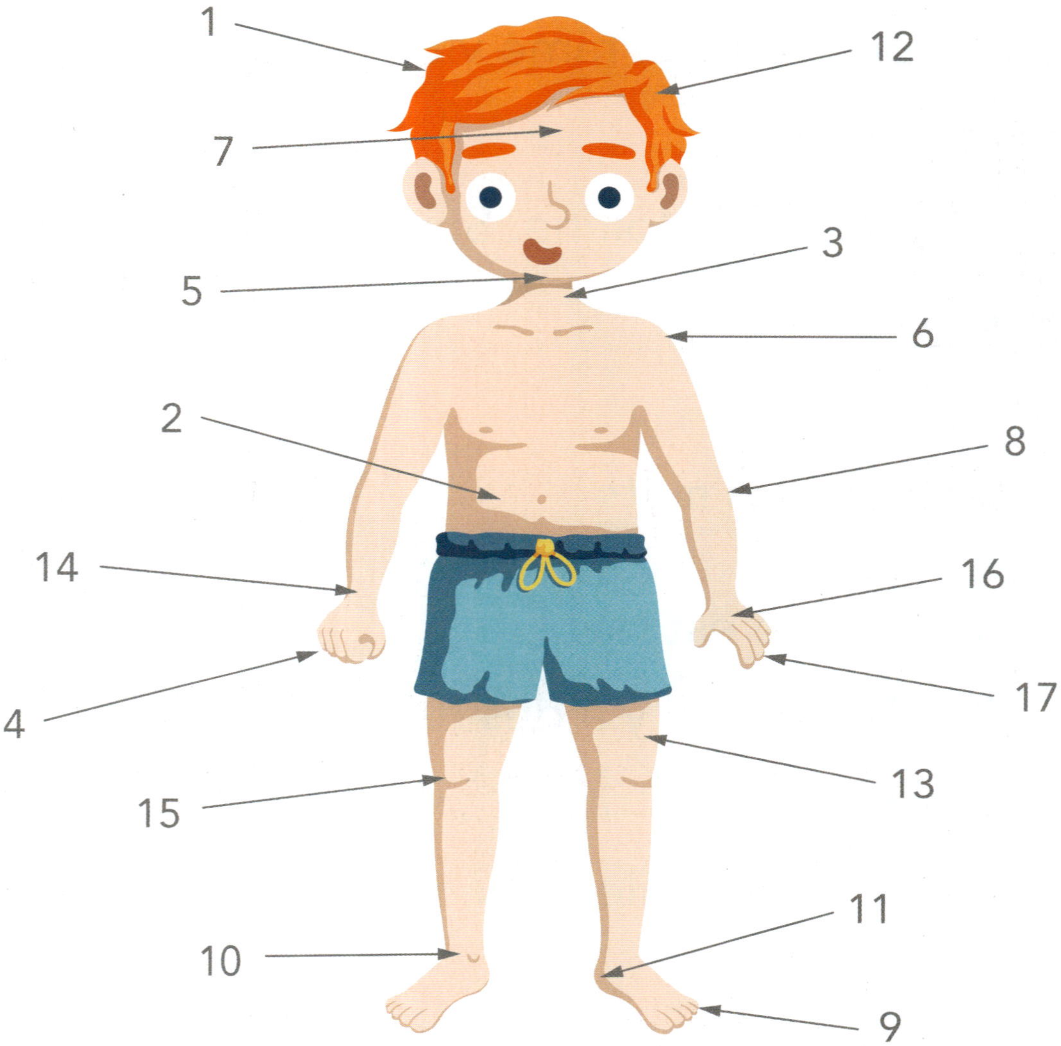

| Je vois avec… | J'entends avec… | Je touche avec… | Je sens avec… |
| Je respire avec… | Je me lave… | Je bouge… | Je goûte avec… |

Je dis

Les dents

– Lire la photographie et le schéma.
– Répondre aux questions :
où est la fillette ?
Pourquoi va-t-elle chez le dentiste ?
Est-ce que toutes les dents
sont identiques ?

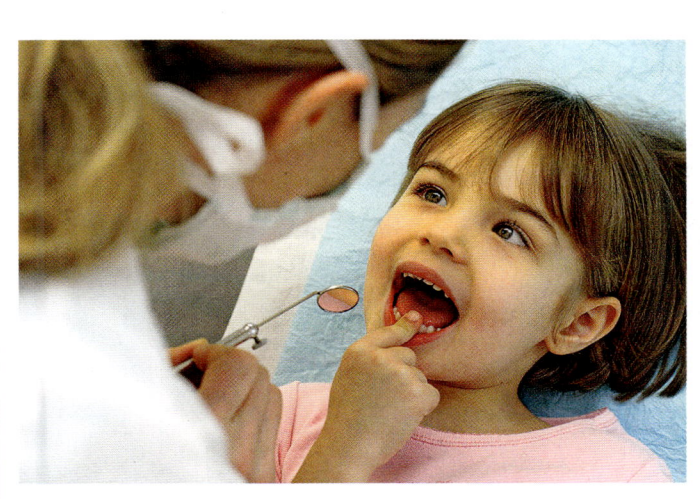

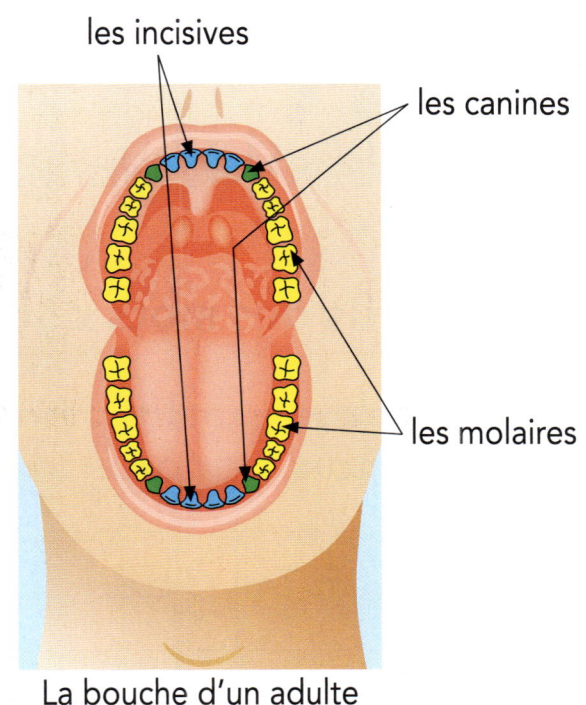

les incisives
les canines
les molaires

La bouche d'un adulte

– Chercher, dans les images, ce qui aide à prendre soin de ses dents.
– Chercher, dans la page, trois mots de la famille de « dent ».

une brosse à dents

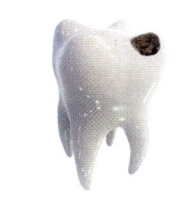
une carie

les fruits

les bonbons

un soda

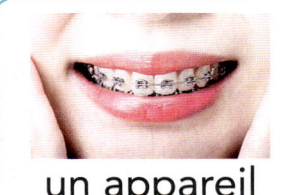
un appareil dentaire

le dentifrice

l'eau

Je révise

 Je lis des sons

- p t c d g b p t c d g b
- pr tr cr dr fr gr br vr pr tr cr dr fr gr br vr
- pl cl fl gl bl pl cl fl gl bl

 Je lis des mots outils

– Lire les mots.
– Dire un mot, l'enfant le retrouve.
– Montrer un mot, l'enfant le lit et propose une phrase avec ce mot.

par	que	qui	mais	mon	chez
en	au	comme	ne pas	ils	avoir
je vais	je fais	il dit	elle peut	j'ai	voir

 Je reconnais des phrases

– Lire le texte.
– Repérer les majuscules et les points.
– Compter le nombre de phrases.
– Repérer la phrase interrogative.

Le gros chat rêve d'un repas. Il se glisse par la chatière et file dans le parc. Et après, que fait le gros chat ?

 Je construis une phrase

un	attrape	Il	mulot !

 **Je sais lire des mots**

– Lire les mots.
– Mimer les actions demandées.

siffle	gratte	parle	recule
écris	ris	dors	lave
sors	rêve	frotte	murmure

 **Je sais lire un texte**

– Lire le texte.
– Lire le même texte plusieurs fois en lisant le plus de mots possible en une minute.

As-tu vu ? Un lama en pyjama !	7
As-tu vu ? Un bonobo avec des sabots !	15
As-tu vu ? Un canari qui écrit !	22
As-tu vu ? Un crocodile qui marche sur un fil !	32
As-tu vu ? Une mygale qui pédale !	39
As-tu vu ? Une marmotte avec des bottes !	47
J'ai vu ! C'est le défilé du carnaval !	56

 Je vois, je dis

un loup   un loup

un ours	des outils	il ouvre	un oursin

un hibou	le genou	un chou	le cou

un moulin	une louche	le journal	un mouton

le kangourou	une bouteille	une trousse	une loupe

une ampoule	une poubelle	des coussins	un poulain

 ## Je lis des syllabes

- dou cou chou tou gou fou pou bou nou rou
- ous oul ouf four lour sour boul jour mous trou

 ## Je manipule des sons

– Nommer chaque image.
– Prononcer chaque son du mot en indiquant avec le doigt le son correspondant.

   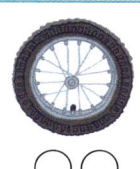

 ## Je lis des mots

tou	bou	cou	sou
tout	la boue	la cour	une souris
toujours	une boule	les courses	la soupe
une toupie	un hibou	il découpe	il souffre

 ## Je lis un texte

La poule est venue dans la cour.

Elle a trouvé le loup,

caché **tout** près d'un trou.

La poule court, court, pour dormir chez **nous**.

tout
nous

 en en an an  an

 Je vois, je dis

une dent   une dent

	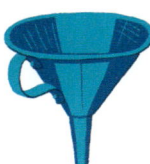		
l'encre	un entonnoir	un ange	une antenne

une maman	un serpent	le volant	un toboggan

une orange	un banc	un rectangle	il mange

des gants	quarante	cinquante	trente
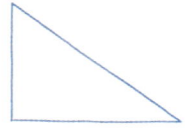			
un triangle	la langue	une clémentine	le menton

Je lis des syllabes

- p**en**   t**en**   s**en**   v**en**   d**en**   b**an**   ch**an**   g**an**   p**an**
- m**an**ch   t**en**t   bl**en**   pr**en**   tr**en**   dr**en**   cl**an**   bl**an**   fl**an**

Je manipule des sons

– Nommer chaque image.
– Prononcer chaque son du mot en indiquant avec le doigt le son correspondant.

○○○   ○○○   ○○○   ○○○

○○○○   ○○○○   ○○○○   ○○○○

Je lis des mots

t**en**/t**an**	f**en**/f**an**	m**en**/m**an**	v**en**/v**an**
t**en**dre	elle déf**en**d	m**en**tir	v**en**dre
il **en**t**en**d	un f**an**tôme	dim**an**che	v**en**dredi
ma t**an**te	la f**an**fare	une m**an**darine	un div**an**

Je lis un texte

Un p**an**da gourm**an**d assis sur un b**an**c engloutit du fl**an**.

Il dit à **son** grand-père :

« J'ai de **plus** en **plus** mal aux d**en**ts ! »

son
plus

 on on om om  on

 Je vois, je dis

un p**o**nt   un p**o**nt

	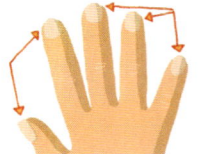		
onze	les ongles	une ombre	une ombrelle
			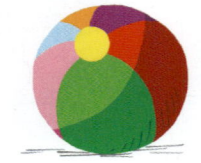
l'avion	un garçon	la maison	un ballon

un biberon	un hérisson	un papillon	un violon

des jonquilles	un pigeon	un camion	une trompette

une éponge	un pantalon	un dindon	le poison

Je lis des syllabes

- l**on**   r**on**   m**on**   s**on**   j**on**   f**on**   z**on**   ch**on**
- n**on**   v**on**   b**on**   t**on**   c**on**   p**on**   t**on**   g**on**

 ## Je manipule des sons

– Nommer chaque image.
– Prononcer chaque son du mot et dire combien le mot compte de sons.

		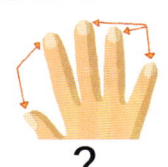	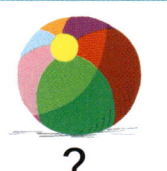
?	?	?	?

?	?	?	?

 ## Je lis des mots

p**on**/p**om**	t**on**/t**om**	s**on**/s**om**	f**on**
elle p**on**d	un bout**on**	un ours**on**	f**on**du
une rép**on**se	le mout**on**	un hériss**on**	le plaf**on**d
une p**om**pe	il t**om**be	s**om**bre	un chiff**on**

 ## Je lis un texte

Lé**on** et **On**dine **on**t assis les ours**on**s sur le lit. « **On**dine, **ton** ours**on** est marr**on**. **Il a** même le ment**on** r**on**d !

– M**on** ours**on**, c'est P**om**p**on** !

– **On** les apporte dans le sal**on** ? »

ton
on
il a

 in *in* im *im*  in

 Je vois, je dis

un lapin   *un lapin*

une infirmière	un inspecteur	un incendie	un Indien

un requin	un poussin	un marin	des coussins

un sous-marin	du raisin	un pantin	un lutin

du romarin	quinze	un dauphin	vingt

des pinceaux	un chimpanzé	il grimpe	un timbre

 ## Je lis des syllabes

- pin   tin   vin   fin   min   rin   lin   sin
- bin   chin   din   tim   sim   grim   plin   prin

 ## Je manipule des sons

– Nommer chaque image.
– Prononcer chaque son du mot et dire combien le mot compte de sons.

?	?	?	?
	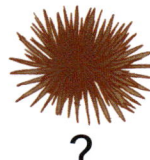	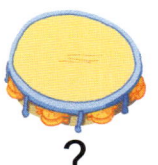	
?	?	?	?

 ## Je lis des mots

rin	pin	sin/sim	tin/tim
un marin	un sapin	un poussin	des patins
un sous-marin	des pépins	des coussins	le matin
un tambourin	un lapin	simple	un timbre

 ## Je lis un texte

Ce matin, un petit lapin s'est invité dans le jardin. Il a trouvé des brins de romarin sous un sapin. Il file sur le chemin car la dinde et le dindon arrivent. Ils sont gourmands ! Ils ont envie de romarin !

ce

 oi oi  oi

 Je vois, je dis

une oie   une oie

un oiseau	un roi	un bois	des petits pois

des noix	elle boit	un poireau	des noisettes

une ardoise	des nageoires	un tiroir	un miroir

un croissant	une armoire	une framboise	un bougeoir

une passoire	une balançoire	un arrosoir	un entonnoir

 ## Je lis des syllabes

- boi coi doi loi poi moi noi roi toi goi
- soir choir voir toir roir poil froi croi troi droi

 ## Je manipule des sons

– Nommer chaque image.
– Prononcer chaque son du mot et situer le son oi en désignant le rond correspondant.

 ## Je lis des mots

boi	poi	toi	voir
il aboie	des pois	le toit	pouvoir
une boîte	une poire	la toiture	savoir
une boisson	un poisson	une étoile	avoir

 ## Je lis un texte

Maloi est un roi. Du matin au soir,

il a froid et **il voit** la vie en noir.

Ce n'est pas la joie ! Maloi a le **pouvoir**

de dire la loi : on n'a pas le droit

de **faire** voir sa joie. Oh la la !

pouvoir
il voit
faire

 Je vois, je dis

un p**oin**t un p**oin**t

le foin

un coin

le poing

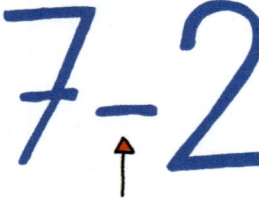
moins

le shampoing

pointu

un rond-point

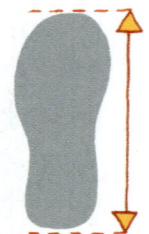
la pointure

un goinfre

une pointe

le groin

des coings

 **Je lis des syllabes**

• loin   moin   soin   foin   join   poin   coin   goin

 Je manipule des sons

– Nommer chaque image.
– Prononcer chaque son du mot et situer le son (oin) en désignant le rond correspondant.

 **Je lis des mots**

p**oin**		m**oin**	c**oin**
un p**oin**t	le p**oin**g	m**oin**s	un c**oin**
p**oin**tu	le shamp**oin**g	un tém**oin**	un rec**oin**
une p**oin**te			des c**oin**gs

 **Je lis un texte**

Dans le hangar, un caneton est caché sous le foin. Le petit ne peut pas rejoindre sa maman. Il cancane :
« Coin-coin ! coin-coin ! »
Un cochon pousse le foin avec son groin et découvre le petit. La cane arrive et prend soin de **lui** !
« Coin-coin ! » Que c'est bon d'**être** consolé !

lui
être

Je vois, je dis

la nuit   la nuit

huit	l'huile	un puits	un buisson
elle conduit	la pluie	un parapluie	un étui
la cuillère	un biscuit	des fruits	un buis

Je lis des syllabes

- nui   cui   bui   fui   dui   lui   tui   pui
- sui   jui   suit   cuir   plui   brui   drui   frui

 ## Je manipule des sons

– Dire les sons de chaque mot illustré.
– Associer les sons colorés et former un nouveau mot.

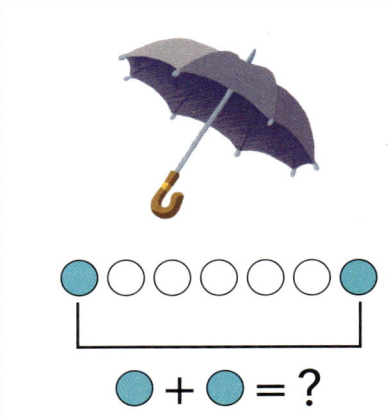

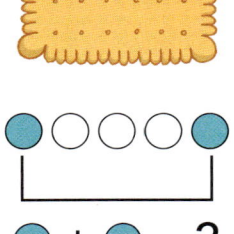

○ + ○ = ?   ○ + ○ = ?   ○ + ○ = ?

 ## Je lis des mots

cui	sui	nui	fui
cui-cui	la suite	la nuit	fuir
un biscuit	poursuivi	nuire	s'enfuir
la cuisson	la poursuite	minuit	la fuite

Je lis un texte

Dans un buisson de buis,

huit jolis hiboux gris dégustent

des fruits sans bruit.

Au moment **où** la Lune luit, ils s'enfuient

dans la nuit pour **aller** boire au puits.

aller
où

 eu eu œu œu

 Je vois, je dis

le feu   le f*eu*

e					
	un œuf	un aspirateur	un chanteur	un immeuble

	le facteur	un dompteur	un voleur	un ventilateur

eu					
	des œufs	deux	une agrafeuse	la queue
				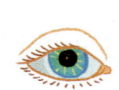	
	un jeu	un pneu	des yeux	les cheveux

Je lis des syllabes

 eu comme dans **feu**

peu   veu   jeu   leu   deu   nœu   reu   creu

 e comme dans **fleur**

sœu   teur   beur   cheur   seul   meur   leur   neuf   peur

Je manipule des sons

– Dire les sons de chaque mot illustré.
– Associer les sons colorés et former un nouveau mot.

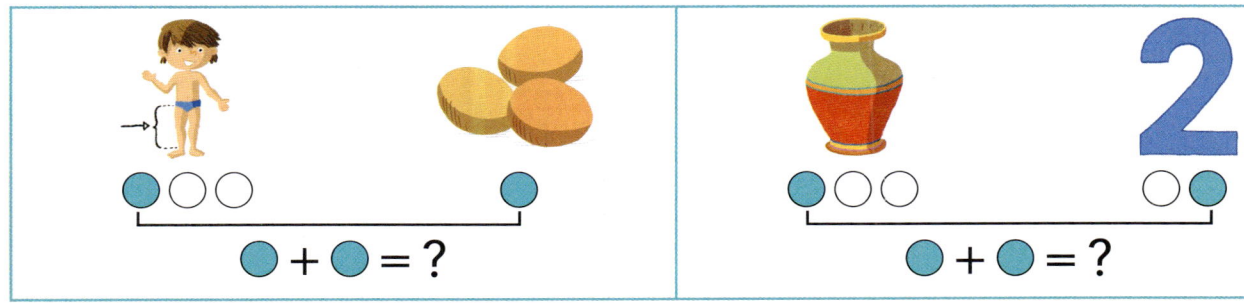

Je lis des mots

jeu	veu/vœu	teur	leur
un jeu	je veux	le facteur	un voleur
jeudi	les cheveux	un docteur	les couleurs
elle déjeune	un vœu	un ordinateur	la chaleur

Je lis un texte

Il est déjà neuf heures : c'est l'heure de mon cours de judo. **Je dis** en pleurant : « Je ne veux pas y aller tout seul.

J'ai un peu peur ! **Je** ne **suis** pas très brave.

Je veux y aller avec ma sœur. À deux, on est heureux ! »

je dis
je suis
y

 Je vois, je dis

la montagne   la montagne

un champignon	des châtaignes	Guignol	une baignoire

un campagnol	la signature	il soigne	une araignée

un peigne	elle souligne	un agneau	un cygne
			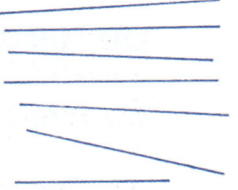
un oignon	elle gagne	un chignon	des lignes

Je lis des syllabes

- gne   gna   gné   gno   gnè   gnu   gni
- gnol   gnan   gnou   gnal   gnur   gnoir   gneur

Je manipule des sons

– Nommer chaque image.
– Ajouter le son proposé à la fin du mot et trouver un autre mot.

Je lis des mots

gne

un signe   la Bretagne
la vigne   elle gagne
des lignes   je me cogne

gné

gagné
la poignée
éloigné

gnon

grognon
mignon
un chignon

Je lis un texte

Je fais une randonnée en montagne.

Plus je grimpe, plus la vue est splendide.

Au détour d'un chemin, **je vois** une mignonne petite marmotte qui grignote une carotte.

Je **me** hâte et je tombe.

Je **me** cogne contre un arbre. Ce n'est qu'une égratignure !

La marmotte s'est éloignée !

je vois
me

 Je vois, je dis

un lion   un lion

des yaourts	le yoga	un yoyo	les yeux

un chien	un piano	un violon	l'escalier

un pompier	le camion	un sanglier	un cahier

un piéton	un évier	un panier	un avion

un Indien	un magicien	une sorcière	du gruyère

Je lis des syllabes

- dio   rio   chio   via   dia   nia   tié   pié
- vieu   vian   pion   vion   mion   mière   tière

Je manipule des sons

– Nommer chaque image.
– Ajouter le son proposé à la fin du mot et trouver un autre mot.

Je lis des mots

ia	io	ieu	ien
un diamant	un chiot	vieux	bien
un aviateur	la radio	mieux	un chien
un radiateur	un chariot	curieux	je viens

Je lis un texte

Mon petit doigt m'a dit qu'un chiot
écoute la radio en poussant son chariot.
Mon petit doigt m'a dit qu'un aviateur
répare le radiateur de son moteur.
Mon petit doigt m'a dit que je suis bien curieux
et que **je peux vous dire** adieu !

je peux dire vous

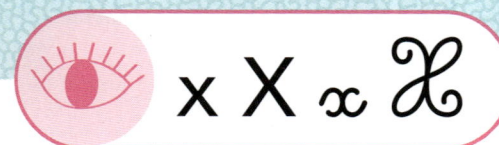

 Je vois,  je dis

un taxi   *un taxi*

ks	une excuse	elle klaxonne	un boxeur	l'index
	la galaxie	un saxophone	un explorateur	un extraterrestre
s	six	dix	soixante	
z	deuxième	sixième	dixième	
gz	un xylophone		un hexagone	

 **Je lis des syllabes**

 ks   box   fax   tax   fix   max   oxy

 gz   xy   xa

 Je manipule des sons

– Nommer les images.
– Dans chaque ligne, trouver le mot où la lettre x ne se prononce pas de la même façon que les autres.

 **Je lis un texte**

Xaverine et Roxane malaxent :
elles font de la poterie.
La première forme des planètes,
la deuxième les admire et les fixe. Il y en a déjà six !
« Comment se nomme notre galaxie ? »
demande Xaverine.
« C'est la voie lactée ! » répond fièrement Roxane.

elles

# Les pronoms

 **Je lis**

 Je manipule des mots

– Lire chaque phrase.
– Dire une nouvelle fois chaque phrase en remplaçant les mots soulignés par les pronoms : il, ils, elle, elles.
– Montrer le pronom qui convient.

- Les poussins jouent.
- Le canari chante.
- La fourmi marche.
- Les souris s'échappent.
- Le chat et l'ours sont des mammifères.

| il | ils | elle | elles |

Le verbe

 Je lis des phrases

– Lire les phrases.
– Faire mimer les actions.

Le verbe est le mot qui dit l'action que l'on fait.

Sally boit.	Oro bave.	Papa pêche.	Le bébé rit.

Polo frotte.	Léa lit.	La dame marche.	Lina vole.

 Je manipule des mots

– Lire les phrases.
– Ranger oralement les verbes dans leur maison.

des verbes

Léon goûte la soupe.	Le papi porte le bébé.	Le cheval galope.	Ils chuchotent.

Je dis

Dans la rue et sur la route

– Lire les images et les textes.
– Nommer précisément les parties fléchées de chaque dessin.

Dans la rue

les voies

la chaussée

le trottoir

En ville, je marche sur le trottoir.
Les voitures roulent sur la chaussée.
La chaussée compte 2 voies pour rouler.

Sur la route

la chaussée

les voies

un accotement

À la campagne, je marche sur l'accotement.
Les voitures roulent sur la chaussée.
La chaussée compte 2 voies pour rouler.

Dire précisément où l'on pourrait trouver les véhicules ou les personnes suivants.

une moto – un piéton – un tracteur – un camion –
un bus – une voiture – un vélo

Je dis

Les émotions

– Nommer les émotions principales.
– Lire les mots et les faire associer aux principales émotions.

 la tristesse

 la peur

 la colère

 la joie

 la surprise

 la sérénité

étonné	tranquille	heureux	malheureux
satisfait	agressif	terrifié	angoissé
déçu	apeuré	paisible	stupéfait
gai	mécontent	furieux	calme

– Lire les actions.
– Les associer aux émotions.
  Exemple : Quand je me sens apeuré, je frissonne.

| je ronchonne | je m'ennuie | je sanglote | je ris |
| je me fâche | je frissonne | je m'affole | je hurle |

Je révise

 Je lis des sons

- ou   en   on   in   x   oi   an   oin   am
- ui   eu   gn   i   œu   y   im   em   ion

– Lire les mots.
– Demander un mot, l'enfant le retrouve.
– Montrer un mot, l'enfant le lit et propose une phrase avec ce mot.

 **Je lis des mots outils**

tout	il voit	nous	son	faire	il a
plus	ce	ton	me	lui	être
aller	y	je vois	dire	où	on
je peux	vous	je dis	pouvoir	je suis	elles

 Je sais reconnaître le verbe

– Lire les mots.
– Ranger oralement les verbes dans leur maison.

boire   tombe
poisson   entend
répare   moto

des verbes

 Je sais utiliser des pronoms

– Lire chaque phrase. Dire une nouvelle fois chaque phrase en remplaçant les mots soulignés par : il, elle, ils, elles.
– Montrer le mot correspondant.

<u>Les poussins</u> jouent.   <u>Zélie et Clovis</u> écrivent.

<u>La fourmi</u> marche.   <u>Les souris</u> s'échappent.

<u>Le chiot</u> aboie.

il   elle   ils   elles

Je sais lire des mots

– Observer l'image.
– Retrouver les dessins demandés.

la montagne
des sapins
elle a froid
une cagoule

une marmotte
des patins
il glisse
une patinoire

un flocon
des gants
une écharpe
une cheminée

Je sais lire un texte

– Lire le texte.
– Lire le même texte plusieurs fois en lisant le plus de mots possible en une minute.

J'ai trouvé dans mes cheveux	6
une marmotte bleue.	9
J'ai trouvé dans mon pantalon	15
une marmotte marron.	18
J'ai trouvé dans mon armoire	24
une marmotte noire.	27
Dans mon armoire, une marmotte noire ?	33
Dans mon pantalon, une marmotte marron ?	39
Dans mes cheveux, une marmotte bleue ?	45
Encore bien heureux qu'il n'y en a pas deux !	56

 au au eau eau  o

 Je vois, je dis

jaune jaune

l'automne

l'autobus

une autruche

l'eau

un taureau

le préau

un drapeau

un radeau

un chameau

un chapeau

un poireau

des pinceaux

un tonneau

un berceau

des ciseaux

un artichaut

une sauterelle

un fauteuil

un vautour

des chaussettes

 ## Je lis des syllabes

- chau tau sau dau gau jau beau veau teau deau
- neau leau meau reau pau mauv paum naut plau

 ## Je manipule des sons

– Nommer les mots illustrés.
– Supprimer le son proposé en fin de mot et trouver un autre mot.

 ## Je lis des mots

t**au**/t**eau**	s**au**/s**eau**	ch**au**	v**au**/v**eau**
une taupe	il se sauve	chaud	un veau
un poteau	elle saute	des chaussures	des chevaux
un bateau	un seau	des chaussons	un vautour

 ## Je lis un texte

Le renardeau est le petit du renard.

Le chevreau est le petit de la chèvre.

Mais le tableau n'est pas le petit de la table !

Et le poireau n'est pas non plus le petit de la poire !

Pourtant, c'est rigolo…

 ai *ai* ei *ei* et *et*  è

 Je vois, je dis

du lait   du *lait*

		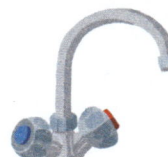	
un aigle	le balai	un robinet	des jouets

un sifflet	les volets	un briquet	un tabouret

une maison	la chaise	une fraise	des éclairs

une raie	la neige	treize	seize
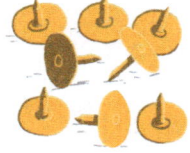			
des punaises	un peigne	un dromadaire	une chaîne

 **Je lis des syllabes**

- mai   tai   gai   rei   sei   bei   nei   jet   let   met
- air   tair   seich   grai   trei   plei   clai   crai   vrai   clair

 Je manipule des sons

– Nommer les mots illustrés.
– Supprimer le son proposé en fin de mot et trouver un autre mot.

 **Je lis des mots**

lai/lei/let	sai/sei	rai/rei/ret	pai/pei
laid	il saigne	raide	la paix
une baleine	seize	la reine	la peine
un poulet	un seigneur	un tabouret	un peigne

 **Je lis un texte**

Pour la fête, je vais faire un poulet aux navets,

une douzaine de madeleines et un sorbet à la pêche.

Je peux aussi faire des éclairs au chocolat,

mais je n'ai plus de lait !

Je vais chez la crémière : elle aura sûrement du lait frais !

 ec er el es    è

 Je vois, je dis

le b**e**c   le b**e**c

le sel	un tunnel	le miel	un escabeau

les échecs	une perceuse	fermer	le désert

des perles	une ferme	un escargot	l'herbe

des desserts	un serpent	des asperges	un merle
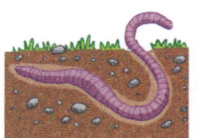			
un ver	un escalier	un serveur	renverser

 **Je lis des syllabes**

- b**er**   b**el**   ch**ec**   f**er**   l**ec**   l**er**   m**er**   m**el**   n**el**   n**er**
- p**el**   p**er**   r**es**   r**ec**   s**el**   s**er**   s**ec**   v**ec**   v**es**   v**er**

 Je manipule des sons

– Nommer les mots illustrés.
– Ajouter le son proposé en début de mot et trouver un autre mot.

 **Je lis des mots**

er	**el**	**ec**	**es**
la m**er**	le s**el**	av**ec**	l**es** – d**es**
am**er**	un tunn**el**	s**ec**	m**es** – t**es**
m**er**credi	du caram**el**	la l**ec**ture	s**es** – c**es**

 **Je lis un texte**

Ce midi, Kam**el** déjeune au r**es**taurant de son hôt**el**.
Mais il y a beaucoup de clients : il ne r**es**te plus
qu'une table près de l'**es**calier. Kam**el** demande
au s**er**veur de venir prendre sa commande :
des haricots v**er**ts et un gâteau s**ec** au mi**el**. Comme
l'attente est int**er**minable, Kam**el** s'én**er**ve. Il est s**er**vi
après tout le monde ! Dorénavant, Kam**el** déjeunera
dans un autre r**es**taurant.

 **ell ett err ess enn**  **è**

 Je vois, je dis

une échelle *une échelle*

une salopette	une crevette	une épuisette	une bicyclette

une serrure	une hirondelle	une mouette	une girouette

une trompette	une sauterelle	une raquette	la Terre

la maîtresse	une casquette	un verre	une poussette

des allumettes	une chouette	une princesse	une éolienne

Je lis des syllabes

- belle clette chette chelle delle lette miette nette nelle
- nerre pelle pette relle sette siette telle vette viette

Je manipule des sons

– Nommer chaque image.
– Ajouter le son proposé au début du mot et trouver un autre mot.

Je lis des mots

err	ell	ett	ess
la Terre	belle	mes lunettes	la maîtresse
un verre	nouvelle	une cachette	ton adresse
une erreur	elle s'appelle	des assiettes	la tristesse

Je lis un texte

Dans sa fermette, Fanette fait sa toilette
en poussant la chansonnette. Elle tresse
ses longs cheveux blonds en y mettant des violettes.
Avec sa nouvelle trottinette, Fanette part faire
du tennis. Puis, accompagnée de sa chienne,
elle enchaîne escrime et escalade.
Fanette est élégante, mais elle est surtout sportive !

 qu qu k k ch ch  c

 Je vois, je dis

un masque   un masque

4	14	15	40
quatre	quatorze	quinze	quarante

un kiwi	un képi	un kimono	un koala

un kangourou	des quilles	une chorale	un anorak

une barque	un casque	un paquebot	un criquet

des skis	un briquet	des jonquilles	des coquelicots

Je lis des syllabes

- que   qui   quoi   qua   quai   quan   quin   qué   quo   quet
- ki   ké   kan   ko   kou   ky   ka   kit   kla   kar   chri

 Je manipule des sons

– Nommer les mots illustrés.
– Supprimer le son proposé en début de mot et trouver un autre mot.

 **Je lis des mots**

qui/ki/chi	qua/ka	quan/kan	ko/cho/quo
une équipe	quatre	quand	un koala
des kilos	quatorze	une quantité	une chorale
une orchidée	une parka	un kangourou	un quiproquo

 **Je lis un texte**

Le moustique dit au criquet : « Que croques-tu ?

– Je croque des épis de blé » répond le criquet.

Le canard demande au coq : « Qu'avales-tu ?

– J'avale des graines » répond le coq.

Le crocodile dit au requin : « Que dévores-tu ?

– Toi ! » répond le requin.

 er er ez ez  é

Je vois, je dis

un rocher un rocher

un panier	un escalier	le goûter	un cahier

un calendrier	rêver	un évier	le dîner

un pompier	un boucher	un berger	un boulanger

se laver	un policier	le déjeuner	danser
			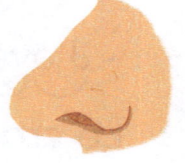
un sanglier	le clocher	manger	le nez

 ## Je lis des syllabes

- ver   ber   mer   rer   ner   cher   der   ler
- chez   nez   vez   lez   mez   bez   rez   dez

 ## Je manipule des sons

– Nommer les mots illustrés.
– Supprimer en début de mot le son proposé et trouver un autre mot.

 −  → ?    −  → ?    −  → ?

 ## Je lis des mots

ler/lez	cher/chez	ier/iez	ied
aller	gaucher	droitier	un pied
vous allez	marcher	janvier	nu-pieds
dîner	vous marchez	février	cloche-pied
vous dînez	chez	vous triez	

 ## Je lis un texte

Nous jouons à deviner un métier :
« Vous assurez la sécurité de tous.
Vous portez un uniforme.
Vous donnez des amendes ou vous menez
des individus au commissariat. Qui êtes-vous ? »

un pompier   un berger   un policier   un infirmier

 ain ain ein ein  in

 Je vois, je dis

 le pain   le pain

 un bain	 un poulain	 un train	 les mains
 un nain	 des copains	 un écrivain	 du grain
 un terrain	 la ceinture	 des empreintes	 éteindre
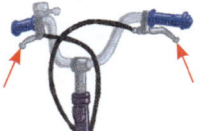 des freins	 la peinture	 peindre	 plein

Je lis des syllabes

- rain   pein   lain   tein   vain   gain   pain   bain   main
- prein   crain   frein   plein   frain   grain   trein   plein   train

Je manipule des sons

– Dire les 2 mots.
– Dire le son qui change entre les 2, puis nommer la lettre qui correspond.

Je lis des mots

main	pain/pein	un	aim
demain	du pain	un	j'ai faim
maintenant	un copain	lundi	un daim
lendemain	la peinture	chacun	un essaim

Je lis un texte

Chaque lundi matin, Romain nourrit ses lapins nains avec Sylvain. Demain, les deux copains sortiront le poulain pour qu'il prenne son bain.

Maintenant, ils donnent plein de grains et du pain dur aux poules ainsi que des carottes aux lapins.

« Les coquins ont toujours faim ! » dit Sylvain.

 Je vois, je dis

 un éléphant   un éléphant

 le phare	 des photographies	 la pharmacie	 un phoque
 un phacochère	 un photographe	 le nénuphar	 un pharaon
 l'alphabet	 un dauphin	 le téléphone	 un téléphérique
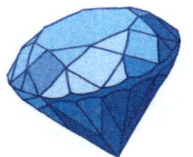 un saphir	 un magnétophone	 un xylophone	 les phares

Je lis des syllabes

- phi pha phan pher pho phin phai phon
- phe phé phar phus phir phier phone phra

Je manipule des sons

– Dire les 2 mots.
– Dire le son qui change entre les 2, puis nommer la ou les lettres qui correspondent.

Je lis des mots

pha	phar	phi	pho
l'alphabet	un nénuphar	une graphie	un téléphone
alphabétique	les phares	catastrophique	un phoque
un phacochère	une pharmacie	Delphine	un xylophone

Je lis un texte

La baleine, le dauphin et le phoque sont
des mammifères marins.
Le phacochère est un mammifère terrestre.
C'est une sorte de sanglier qui vit en Afrique.
Dans la savane, on le voit souvent à côté
de l'éléphant.

111

 em em am am  an

 Je vois, je dis

une t**em**pête   une t**em**pête

 l'ambulance	 embrasser	 une ampoule	 des empreintes
 un champignon	 un hippocampe	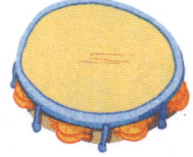 un tambourin	 une framboise
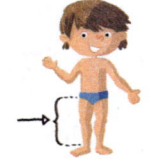 les jambes	 une rampe	 un camembert	 un lampadaire
 une lampe	 un pamplemousse	 un jambon	 du shampoing
 un champion	 un tampon	 trembler	 une chambre

 **Je lis des syllabes**

- mem   vem   tem   tam   rem   cham   cam
- lam   jam   ram   pam   trem   fram   cram

 Je manipule des sons

– Nommer les mots illustrés.
– Trouver quel son il faut ajouter en début de chaque mot pour former le mot suivant.

 **Je lis des mots**

em + b	em + p	am + b	am + p
novembre	emporter	les jambes	une ampoule
embrasser	tremper	le jambon	un vampire
ensemble	remplir	une flambée	un trampoline

 **Je lis un texte**

J'entends le vent qui souffle de plus en plus fort dans les branches. Quelle tempête pour un jour de printemps !

Je vois le vent qui emporte les lampes du jardin dans un champ. Je retourne me blottir dans mon lit en attendant le beau temps !

 c c ç ç ti ti  s

 Je vois, je dis

un **c**itron   un *c*itron

une ceinture	des cerises	un cygne	cent

un cerf	une citrouille	un cerf-volant	des ciseaux

un pouce	une pince	une ambulance	une limace

une sucette	des pinceaux	une perceuse	un magicien

la récréation	une invitation	une balançoire	un caleçon

Je lis des syllabes

- ci   cin   ce   cen
- cé   ceau   cè   cy
- çoi   çan   çon   çu
- tion   tial   cil   cir

c + e → s
c + i → s
c + y → s

– Nommer les mots illustrés.
– Trouver quel son il faut ajouter à chaque fin de mot pour former le mot suivant.

Je manipule des sons

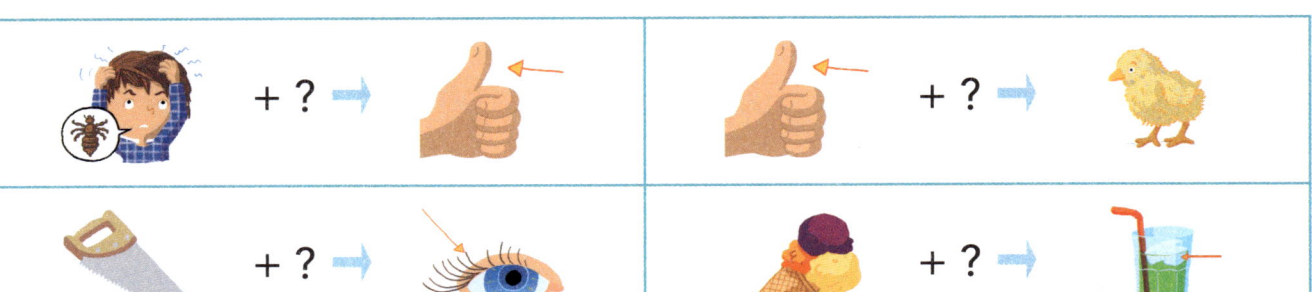

Je lis des mots

ci	cen	çon	tion
un citron	cent	un garçon	une addition
le cinéma	des centimes	une leçon	la natation
une cicatrice	un centimètre	un maçon	attention !

Je lis un texte

Voici l'histoire d'un chat qui se gratte partout.

Le chat pense qu'il a une collection de puces dans le dos.

Il demande à un garçon : « Gratte-moi ! »

Le garçon obéit et gratte, gratte…

C'est l'histoire d'un chat et d'un garçon qui se grattent partout…

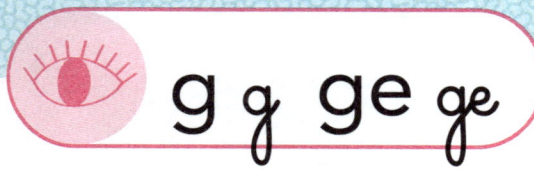 

 Je vois, je dis

 une girafe   une girafe

le genou	une girouette	un gymnaste	le givre

un singe	la neige	un ange	des asperges

des nuages	une éponge	une orange	une cage

manger	un magicien	un berger	un boulanger

des bourgeons	une mangeoire	des nageoires	un bougeoir

Je lis des syllabes

- ge gy gi gin
  gé ger géan gen
- geu geur get gea
  geo geoi geon geai

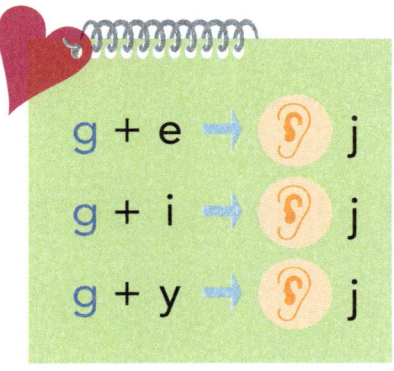

– Lire les mots.
– Changer la ou les lettre(s) colorée(s) par la ou les lettre(s) proposée(s).
– Dire le mot nouveau obtenu.

 Je manipule des lettres

| cage → ch → ? | geste → r → ? |
| plage → c → ? | ange → s → ? |

 **Je lis des mots**

gi	ger	geon	geoir
une girafe	nager	nous nageons	les nageoires
le gigot	manger	nous mangeons	une mangeoire
elle gigote	plonger	nous plongeons	un plongeoir

 **Je lis un texte**

« As-tu vu une girafe avec des nageoires ?

– Non, j'ai vu une girafe avec des pattes et des taches.

– As-tu entendu le pigeon rugir ?

– Non, je l'ai entendu roucouler !

– As-tu senti le singe bouger à côté de toi ?

– Oui, je l'ai senti gigoter près de moi avant de trouver refuge dans les branchages. Il doit toujours y être ! »

117

 S s  Z

 Je vois, je dis

une maison *une maison*

un vase	un blouson	se raser	la musique

une usine	du poison	une fusée	un dinosaure

une rose	une prison	une case	peser

un bison	un oiseau	une tondeuse	du raisin
	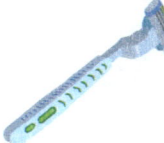		
mesurer	un rasoir	des ciseaux	une valise

 ### Je lis des syllabes

- ose   ase   ise   usi
      use   isa   iso   usé
- euse   ison   oise   asin
      ouse   ésor   osau   osan

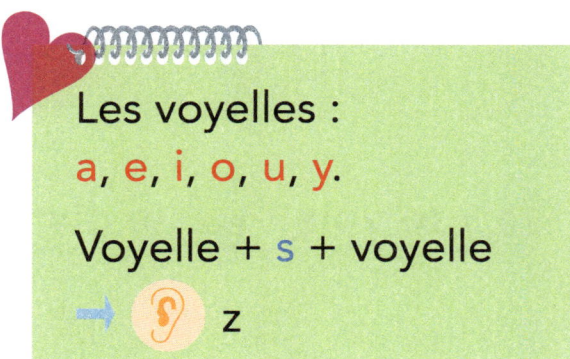

Les voyelles :
a, e, i, o, u, y.

Voyelle + s + voyelle
→  z

– Lire les mots.
– Changer la ou les lettre(s) colorée(s) par la ou les lettre(s) proposée(s).
– Dire le mot nouveau obtenu.

 ### Je manipule des lettres

cousin → ss → ?	poisson → s → ?
case → ss → ?	Il visse. → s → ?

 ### Je lis des mots

ose	ise	ase	euse
j'ose	grise	un vase	une coiffeuse
une rose	une prise	une case	une danseuse
je pose	une chemise	la base	une chanteuse

 ### Je lis un texte

Aujourd'hui, mes cousins visitent un musée sur les dinosaures. Mon cousin voit un tyrannosaure et dit à sa sœur :

« Écoute ma devinette. Ce dinosaure mesurait de 12 à 14 mètres de long et 5 à 6 mètres de haut. C'était l'un des plus grands carnivores. Quel est son nom ? »

Ma cousine sourit : elle a deviné !

 Je vois, je dis

une guitare   *une guitare*

		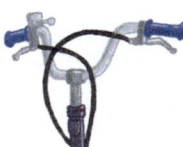	
une guêpe	un guépard	le guidon	des guimauves

du gui	Guignol	une guenon	une guirlande

un bouledogue	une pirogue	des meringues	les vagues
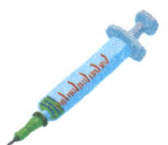			
une seringue	la langue	des figues	une mangue

du muguet	un déguisement	une baguette	une marguerite

 **Je lis des syllabes**

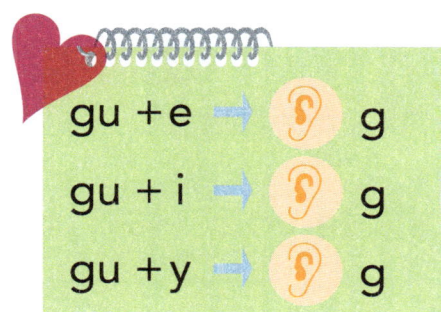

- gue   gui   guê   guir   guy
- gué   guette   guer   guet   gueur

 Je manipule des lettres

– Lire les mots.
– Trouver l'intrus : celui qui ne contient pas les lettres gu.

une marguerite   du muguet   une guirlande

du gui   un coquelicot   un bouledogue

une guenon   un guépard   une pirogue   une guêpe

 **Je lis des mots**

gue	gui	guer	gué
une bague	un guide	naviguer	conjugué
la fatigue	un guidon	fatiguer	un guépard
une blague	se déguiser	zigzaguer	il est guéri

 **Je lis un texte**

Tanguy aime faire des blagues à ses amis.
Lundi, il a retourné le guidon du vélo de Guy et
maintenant, celui-ci zigzague drôlement en pédalant.
Mardi, le coquin a déguisé le bouledogue
de Maguy. Il lui a mis une guirlande autour du cou !
Mercredi, Tanguy a déréglé les cordes de la guitare
de Marguerite. Un jour, c'est peut-être de Tanguy
que l'on rigolera… Gare à lui !

 Je vois, je dis

 une fille *une fille*

 une béquille	 une cuillère	 une coquille	 des jonquilles
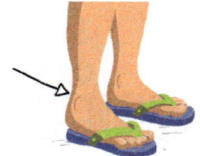 la cheville	 la famille	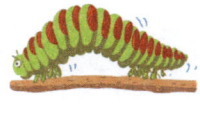 une chenille	 des billes
 une grille	 des billets	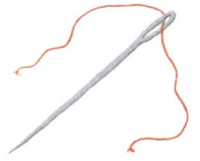 une aiguille	 des myrtilles
 un gorille	 le tilleul	 des brindilles	 un coquillage
 un papillon	 des lentilles	 un grillon	 s'habiller

 **Je lis des syllabes**

• n**ill**   qu**ill**   d**ill**   m**ill**   f**ill**   b**ill**   v**ill**   gu**ill**   p**ill**   br**ill**

 **Je manipule des sons**

– Nommer les mots.
– Trouver quel(s) son(s) il faut supprimer au premier mot pour former le mot suivant.

 **Je lis des mots**

till	**bill**	**guill**	**quill**
gentille	des billes	une aiguille	des quilles
ça pétille	des billets	une anguille	une coquille
	un billard		une béquille

Je lis un texte

Une chenille est un petit animal avec des pattes.
Elle mange beaucoup et grandit très vite.
Un jour, la chenille arrête de manger et de bouger.
Elle s'accroche à une brindille et s'enferme dans un cocon pour se transformer…
Au bout de deux semaines, quelque chose commence à sortir : un nouvel insecte, un papillon !
Il ne s'envole pas tout de suite. Il lui faut une ou deux heures pour que ses ailes se déplient.

 **ail eil ouil euil aill eill ouill euill**

 Je vois, je dis

 le réveil *le réveil*

 ail

un épouvantail	des écailles	une paille

 eil

	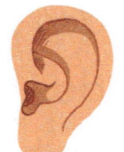	
le soleil	une oreille	des abeilles

 ouil

du fenouil	une citrouille	une grenouille

euil

un écureuil	une feuille	un porte-feuille

Je lis des syllabes

- teuil   reuil   leil   veil   seil   nouil   tail   trail
- nouill   rouill   veill   teill   beill   paill   taill   caill

Je manipule des sons

– Nommer les mots.
– Trouver les sons qu'il faut supprimer au premier mot pour former le mot suivant.

Je lis des mots

ouill	eil/eill	ail/aill	œil
la rouille	une bouteille	le portail	un œil
une grenouille	le réveil	la taille	un œillet
une citrouille	un conseil	une bataille	

Je lis un texte

La corneille a des cadeaux pour ses amis.
« Pour qui est ce fauteuil ? »   « Pour l'écureuil. »
« Pour qui sont les groseilles ? »   « Pour l'abeille. »
« Pour qui sont les chatouilles ? »   « Pour la grenouille. »
« Pour qui est l'éventail ? »   « Pour l'épouvantail. »

# Le pluriel des noms

 **Je lis**

singulier

une dent
un gant
la dame
le panda

pluriel

des dents
des gants
les dames
les pandas

 Je manipule des mots

– Lire les mots.
– Les ranger oralement dans chaque maison.

les narines – le journal – des chatons – un ours –
les enfants – une poupée – la jupe – des vaches

Le pluriel des verbes

 **Je lis**

Au pluriel, le verbe s'écrit avec les lettres finales -nt.

singulier

La voiture s'arrête.
Un élève parle.
Il danse.
Elle se repose.

pluriel

Les voitures s'arrêtent.
Des élèves parlent.
Ils dansent.
Elles se reposent.

 Je manipule des mots

– Lire les verbes.
– Désigner du doigt leur maison : singulier ou pluriel.

pousse   chantent   coule   jouent
poussent   chante   coulent   joue

singulier

La plante ... .
L'oiseau ... .
Le robinet ... .
Un enfant ... .

pluriel

Les plantes ... .
Les oiseaux ... .
Les robinets ... .
Des enfants ... .

 Je dis

Dans le jardin

– Lire les mots.
– Décrire ce qu'a fait le jardinier avant ce que l'on voit sur l'image, pendant et après. Utiliser les verbes suivants.

| semer | planter | récolter | tailler |

| nettoyer | aérer | transporter | arroser |

 Je dis

Des animaux amis du jardinier

 une abeille

 une coccinelle

 un cloporte

 un hérisson

 une grenouille

 un ver

 un orvet

 une musaraigne

– Lire les noms des animaux.
– Utiliser les verbes pour décrire ce que peut faire chaque animal dans le jardin.

 voler

 ramper

 sauter

 marcher

 aérer

 polliniser

 dévorer

 nettoyer

Je révise

 Je lis des sons

au	ai	qu	er	ain	ph	am	ei	em	ez
eau	ei	ç	ge	ill	et	k	ail	eil	euil	ouil

 Je lis les lettres et je dis tous leurs sons

e   ch   c   ti   g   s

 Je connais le pluriel

– Lire les mots.
– Choisir une des propositions et justifier son choix.

une/la   🍒   les/des

Mon chien — grogne. / grognent.

un/le   🦀   les/des

Les oiseaux — vole. / volent.

des — pommes / pomme

L'arbre / Les arbres — poussent.

la — jupes / jupe

Un panda / Des pandas — se repose.

 **Je lis des mots**

un réveil	une cosmonaute	un pamplemousse	du papier
un éventail	un drapeau	une soustraction	un océan
un pigeon	un poulain	des fraises	un hameçon
le squelette	des empreintes	un robinet	le fromage

 Je lis et je réponds à des devinettes

– Lire les devinettes.
– Trouver la réponse parmi les mots écrits au-dessus.
– Proposer des devinettes pour les autres mots.

- Je suis l'ensemble des os de ton corps. Qui suis-je ?

- Je t'aide à te lever le matin. Qui suis-je ?

- Je voyage dans l'espace. Qui suis-je ?

- Je suis une opération. Qui suis-je ?

- Je sers à attraper les poissons au bout de la canne à pêche. Qui suis-je ?

- Je suis une vaste étendue d'eau. Il y en a plusieurs sur la Terre. Qui suis-je ?

- Je suis le petit de la jument. Qui suis-je ?

- Je suis bleu, blanc, rouge et je représente la France. Qui suis-je ?

- Nous sommes ce que relève le policier quand il cherche des indices. Qui sommes-nous ?

 Je lis

b

une boule	
des boissons	
des bulles	

p

une poule	
un poisson	
un pull	

 Je lis des sons et des syllabes

- p p b b b p b b p
- bra bé pou pra pé bou bil pil bon
- bul pon pul poi boi pê bê bar par

Je lis des mots

b	p	b/p	b/p
boire	une poire	du pain	des pois
belle	une pelle	un bain	des bois
un bus	une puce	beau	bas
un balai	un palais	la peau	des pas

132

 **Je lis**

b

la bouche	
un banc	
le bras	

d

une douche	
une dent	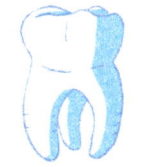
un drap	

 Je lis des sons et des syllabes

- d   d   d   b   b   d   b   b   d
- dou   bou   ban   den   ba   da   bar   dar   dor
- bor   boi   doi   boué   doué   bra   dra   bo   do

 **Je lis des mots**

b	d	b/d
le bout	doux	un bouton
le bord	il dort	nous doutons
un bois	le doigt	une batte
c'est bon	un don	la date

133

Je lis

m

les mains	
un maître	
la mie	

n

un nain	
naître	
un nid	

Je lis des sons et des syllabes

- m   m   m   n   n   m   n   n   m
- noi   moi   nul   mul   mu   nu   ni   mi   ma
- na   mou   nou   non   mon   naî   maî   main   nain

Je lis des mots

m	n	m/n
marine	les narines	non
une mamie	une manie	mon
une amie	Annie	nous
moi	des noix	mou

   f  v

Je lis

f		v	
une fille		la ville	
le fer		un ver	
j'ai faim		vingt	

Je lis des sons et des syllabes

v	f	f	v	v	v	f	v	f	f
fi	von	fer	fai	vi	fin	frai	vin	vai	voi
foi	fon	vi	feu	fi	vrai	fau	veau	vœu	ver

Je lis des mots

f	v	f/v	f/v
elles font	elles vont	folle	voir
je fais	je vais	il vole	la foire
la fin	vingt	c'est vrai	une fois
le fils	une vis	c'est frais	la voix

135

 **Je lis**

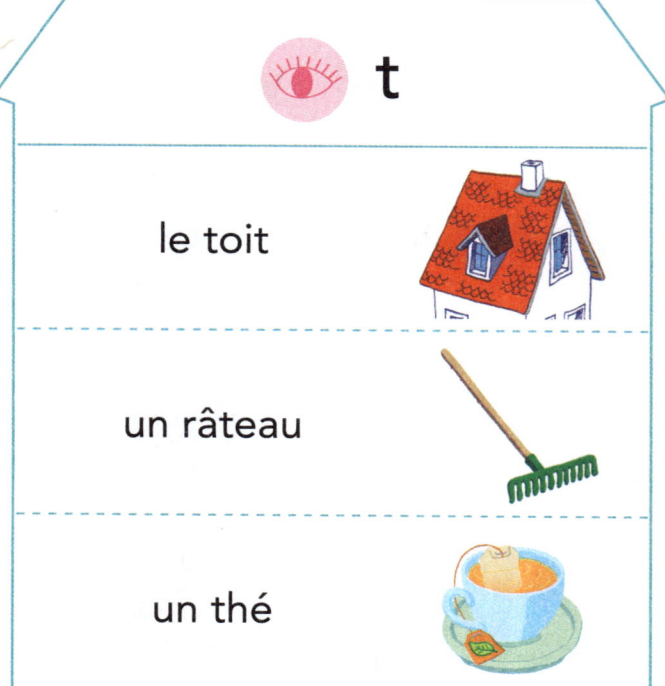

t	
le toit	
un râteau	
un thé	

d	
les doigts	
un radeau	
un dé	

 **Je lis des sons et des syllabes**

t	d	t	d	d	d	t	t	d
toi	doi	deau	teau	tou	dou	té	dé	te
de	tem	den	tor	dor	to	do	dal	tal

 **Je lis des mots**

t	d	t/d	t/d
il a tort	il dort	vite	la poudre
ça tonne	il donne	vide	une poutre
elle tousse	douce	le dos	la douche
le temps	les dents	tôt	une touche

Je lis

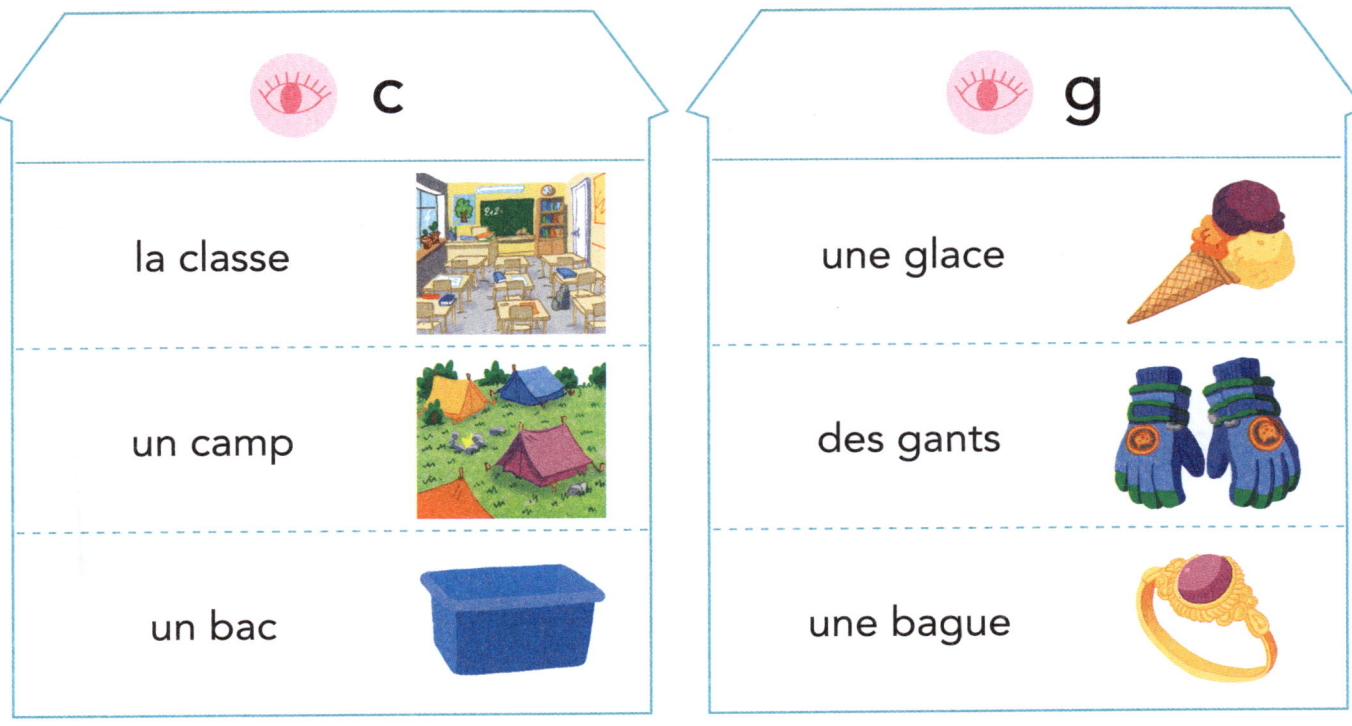

c	g
la classe	une glace
un camp	des gants
un bac	une bague

Je lis des sons et des syllabes

- g g c c c g c c g
- ca ga gou cou car gar gru cru gla
- cla quai gai go co cre gre gra cra

Je lis des mots

c	g	c/g
une cage	un gage	cru
il écoute	il égoutte	une grue
un carré	il est garé	la gare
ça coûte	il goûte	un car

 S C Z  S  Z

 Je lis

S S	 S Z
un poisson 	un poison 
des desserts 	un désert 
des coussins 	des cousins 

Je lis des syllabes

- asse   ase   ouce   ouze   os   ose   isse   ise   us
- use   usse   isse   ice   ise   ésor   essor   issa   isa

 Je lis des mots

 s

il casse
douce
un os
russe

 z

une case
douze
elle ose
une ruse

 s

lisse
Lise
un bus
une buse

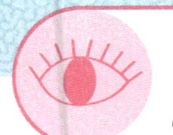 j g ge ch  j  ch

 **Je lis**

j g

la joue	
beige	
une cagette	

ch

un chou	
une bêche	
une cachette	

 Je lis des sons et des syllabes

- ch   ch   j   j   ge   ch   g   ch   j
- ge   che   ché   gé   chan   gen   chou   jou   gette
- chette   geo   cho   jar   char   arch   arge   anch   ange

 **Je lis des mots**

 j   ch   j/ch

une cage	il se cache	un cageot
il bouge	la bouche	le cachot
la marge	la marche	un char
les gens	des chants	un jars

La famille du nom : les adjectifs

 Je lis

Un adjectif précise le nom. Il permet de le décrire.

Des adjectifs

| petit | gros | coloré |

 **Je lis**

masculin
- bleu
- vert
- haut
- grand
- bavard

féminin
- bleue
- verte
- haute
- grande
- bavarde

 Je manipule des mots

– Lire les mots.
– Les ranger oralement dans la maison qui convient.

masculin

féminin

seul – seule – noire – noir – vrai – vraie
profond – profonde – sûre – sûr – jolie – joli

# Les contraires

 ## Je lis

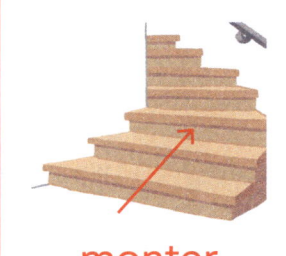 monter — descendre

 triste —  joyeux

 ## Je manipule des mots

– Lire les mots.
– Former des paires de contraires.

éteindre	rire	se lever	sec

lourd	propre	mouillé	léger

se coucher	allumer	pleurer	sale

Je révise

 Je lis des sons

b	p	b	d	m	n	f	v
t	d	c	g	s	z	ch	j

 Je connais le féminin

– Lire les mots.
– Choisir une des propositions et justifier son choix.

un rat   une souris

gris / grise

un portail   une porte

ouvert / ouverte

un immeuble   une maison

haut / haute

un volet   une fenêtre

fermé / fermée

 Je connais les contraires

– Lire les mots.
– Associer oralement les mots de sens contraire.

allumer •   • se lever
monter •   • éteindre
se coucher •   • descendre

chaud •   • gai
beau •   • froid
triste •   • laid

 **Je sais lire des mots**

le beurre / la peur   basse / passe   les choux / les joues
le temps / les dents   une glace / la classe   une pelle / belle
une marge / une marche   une fois / la voix   l'enfer / l'envers
il égoutte / il écoute   les sœurs / les heures   la gare / car
tout / doux   un ogre / ocre   le poisson / le poison
nul / une mule   vingt / la faim   les pêches / les bêches
deux / les bœufs   le bond / le pont

 Je sais lire un texte

– Lire le texte.
– Corriger les mots biscornus en s'aidant des mots lus précédemment.

Aujourd'hui, le monstre Biscornu est malade : il a les choux rouges gare il a mal aux temps.
Pour oublier, il égoutte une pelle chanson.
Doux en chantant, il marge avec ses chaussures à l'enfer.
Il a une jolie fois !

Maintenant qu'il va mieux, Biscornu se balade banc sa rue. Il basse devant l'école. Qu'il fait beurre !
Heureusement, la glace est finie : il est deux sœurs du matin !

Crédits photographiques

Pages 8 à 15, 17, 18, 20, 22, 24, 26, 28, 29, 30, 32, 34, 36, 37, 46, 48, 50 à 57, 59, 61, 68, 70, 71, 72, 74, 76, 78, 80, 82, 84 à 88, 96 à 108, 110, 112, 114, 116, 118, 120, 122, 124, 132 à 139

Dessins des gestes des sons conçus par Madame Borel-Maisonny, d'après les photographies © Clotilde Silvestre de Sacy, *Bien lire et aimer lire*, ESF éditeur.

Page 62
Chat sur canapé : © Africa Studio / AdobeStock. *Portrait de chat* : © grafikplusfoto / AdobeStock.

Page 65
Dentiste : © Burger / Phanie / SuperStock. *Brosse à dents* : ratana_k / AdobeStock. *Carie* : © Kateryna_Kon / AdobeStock. *Fruits* : © unpict / AdobeStock. *Bonbons* : © krasyuk / Adobe Stock. *Soda* : © pixelrobot / Adobe Stock. *Appareil dentaire* : © ryanking999 / Adobe Stock. *Dentifrice* : © Gresei / Adobe Stock. *Eau* : © Juri / Adobe Stock

Page 92
Rue : © Christophe Ena / REA. *Route de campagne* : © Delphine Grasset.

Page 93
Tristesse : © Nichizhenova Elena / Fotolia. *Peur* : © Nichizhenova Elena / Fotolia. *Colère* : © olly / Fotolia. *Joie* : © sunabesyou / Fotolia. *Surprise* : © pololia / Fotolia. *Sérénité* : © Black-photography / Fotolia.

Page 129
Abeille : © Alekss / Fotolia. *Coccinelle* : © pgm / Fotolia. *Cloporte* : © Michel Gunther / Biosphoto. *Hérisson* : pandpstock001 / Fotolia. *Grenouille* : © Anatolii / Fotolia. *Ver* : © Fotomaster / Fotolia. *Orvet* : © olympus E5 / Fotolia. *Musaraigne* : © denboma / Fotolia. *Voler* : © Joachim Martin / Fotolia. *Ramper* : © Henrik Larsson / AdobeStock. *Sauter* : © kyslynskyy / AdobeStock. *Marcher* : © creativenature.nl / AdobeStock. *Aérer* : © zest_marina / AdobeStock. *Polliniser* : © photocaro33 / Fotolia. *Dévorer* : © tomasztc / AdobeStock. *Nettoyer* : © Stéphan Bonneau / Biosphoto.

Imprimé en Italie en février 2025 par Elcograf Dépôt légal : février 2019 - Collection n°02 - Édition n° 14 - 33/9538/3

Mon abécédaire

a A *a*
avion

b B *b*
banane

c C *c*
carotte

d D *d*
domino

i I *i*
igloo

j J *j*
journal

k K *k*
koala

l L *l*
lune

q Q *q*
quilles

r R *r*
renard

s S *s*
soleil

t T *t*
tomate

y Y *y*
yo-yo

z Z *z*
zèbre